高等法律职业教育系列教材
审定委员会

高等法律职业教育系列教材

文秘实务

WENMI SHIWU

主　编○张　瑶　雷绍玲

撰稿人○张　瑶　雷绍玲　李元华

　　　　李东生　王贤芬　王晓宇

　　　　宋　菲　王雅淇　黄　茜

中国政法大学出版社

2021·北京

图书在版编目（ＣＩＰ）数据

文秘实务/张瑶，雷绍玲主编. —北京：中国政法大学出版社，2021.3
ISBN 978-7-5620-9804-1

Ⅰ.①文⋯　Ⅱ.①张⋯　②雷⋯　Ⅲ.①秘书学　Ⅳ.①C931.46

中国版本图书馆CIP数据核字(2021)第010698号

出 版 者	中国政法大学出版社
地 址	北京市海淀区西土城路 25 号
邮 箱	fadapress@163.com
网 址	http://www.cuplpress.com (网络实名：中国政法大学出版社)
电 话	010-58908435(第一编辑部) 58908334(邮购部)
承 印	固安华明印业有限公司
开 本	787mm×1092mm　1/16
印 张	12.25
字 数	254 千字
版 次	2021 年 3 月第 1 版
印 次	2021 年 3 月第 1 次印刷
印 数	1~5000 册
定 价	46.00 元

总 序

Preface

　　高等法律职业化教育已成为社会的广泛共识。2008 年，由中央政法委等 15 部委联合启动的全国政法干警招录体制改革试点工作，更成为中国法律职业化教育发展的里程碑。这也必将带来高等法律职业教育人才培养机制的深层次变革。顺应时代法治发展需要，培养高素质、技能型的法律职业人才，是高等法律职业教育亟待破解的重大实践课题。

　　目前，受高等职业教育大趋势的牵引、拉动，我国高等法律职业教育开始了教育观念和人才培养模式的重塑。改革传统的理论灌输型学科教学模式，吸收、内化"校企合作、工学结合"的高等职业教育办学理念，从办学"基因"——专业建设、课程设置上"颠覆"教学模式："校警合作"办专业，以"工作过程导向"为基点，设计开发课程，探索出了富有成效的法律职业化教学之路。为积累教学经验、深化教学改革、凝塑教育成果，我们着手推出"基于工作过程导向系统化"的法律职业系列教材。

　　《国家中长期教育改革和发展规划纲要（2010～2020 年）》明确指出，高等教育要注重知行统一，坚持教育教学与生产劳动、社会实践相结合。该系列教材的一个重要出发点就是尝试为高等法律职业教育在"知"与"行"之间搭建平台，努力对法律教育如何职业化这一教育课题进行研究、破解。在编排形式上，打破了传统篇、章、节的体例，以司法行政工作的法律应用过程为学习单元设计体例，以职业岗位的真实任务为基础，突出职业核心技能的培养；在内容设计上，改变传统历史、原则、概念的理论型解读，采取"教、学、练、训"一体化的编写模式。以案例等导出问题，根据内容设计相应的情境训练，将相关原理与实操训练有机地结合，围绕关键知识点引入相关实例，归纳总结理论，分析判断解决问题的途径，充分展现法律职业活动的演进过程和应用法律的流程。

法律的生命不在于逻辑，而在于实践。法律职业化教育之舟只有驶入法律实践的海洋当中，才能激发出勃勃生机。在以高等职业教育实践性教学改革为平台进行法律职业化教育改革的路径探索过程中，有一个不容忽视的现实问题：高等职业教育人才培养模式主要适用于机械工程制造等以"物"作为工作对象的职业领域，而法律职业教育主要针对的是司法机关、行政机关等以"人"作为工作对象的职业领域，这就要求在法律职业教育中对高等职业教育人才培养模式进行"辩证"地吸纳与深化，而不是简单、盲目地照搬照抄。我们所培养的人才不应是"无生命"的执法机器，而是有法律智慧、正义良知、训练有素的有生命的法律职业人员。但愿这套系列教材能为我国高等法律职业化教育改革作出有益的探索，为法律职业人才的培养提供宝贵的经验、借鉴。

2016 年 6 月

前 言
F oreword

　　秘书是一种综合性极强、涉及领域甚广的职业，大到国家机关、小到私营企业，秘书在工作岗位上都发挥着重要的作用，秘书岗位对从业人员有着很高的要求。从人才培养的角度来看，高校人才培养的目的是为社会培养合格且优秀的人才，倒逼高校在人才培养过程中注重秘书实务类课程的植入，从而提高学生"办文""办会""办事"的"三办"能力，秘书实务类教材应运而生。秘书实务是秘书专业的主干课程，对提高秘书专业学生的职业技能有重要意义。具体到司法类院校，法律文秘专业虽然属于公安司法大类，但也有很强的文秘属性，在人才培养过程中文秘类课程也占有重要位置。现在市面上的秘书实务类教材主要针对企业类秘书，而司法类院校法律文秘专业学生就业更多面向司法系统，编写针对司法类院校法律文秘专业的文秘实务类课程势在必行。

　　本教材汲取了文秘实务经典教材的思想，基于现代秘书的职业工作任务，兼顾司法类院校法律文秘专业特色，具体论述秘书各项工作的程序和方法。本教材分别从秘书实务概述、日常事务管理、接待工作、沟通与协调工作、会务服务工作、文书处理与档案管理、商务工作及信息管理工作八个部分，介绍秘书在实务工作中应该掌握的基本技能和工作方法。

　　在这套教材的编写上，我们始终不忘秘书类人才培养的初心，并形成自己的特色。

　　第一，注重参与人员的专业背景及院校特色。教材主要用于高职院校法律文秘专业，所以教材编写人员涵盖各类司法政法类院校，包括广东司法警官职业学院的编写团队、山东警察学院的宋菲老师、海南政法职业学院的王晓宇老师、齐鲁师范学院的王雅淇老师、山东英才学院的黄茜老师，他们都是文秘专业方面的中青年教师，有较强的理论功底和实务能力。

第二，注重体例实用。教材的每个模块包含学习目标、案例分析、学习内容、本章小节等几个部分，学生在使用教材过程中对重要知识点能够一目了然，增强教材的实用性。

第三，注重理论与实践相结合。教材是实务类教材，在每个章节分析理论的基础上加入更多实践内容，强调秘书工作实践，使学生在学习过程中能够理论实践融会贯通，提高学习效果。

本教材正是基于以上需求而编写，以满足现阶段乃至今后一段时期法律文秘专业的教学需要。教材总共分八个章节，全书由张瑶进行统筹。第一章、第八章由王贤芬负责编写，王晓宇负责审核修改；第二章、第六章、第七章由张瑶、王雅淇负责编写，雷绍玲进行审核修改；第三章、第四章由李元华负责编写，宋菲负责审核修改；第五章由李东生负责编写，黄茜负责审核修改。本教材在编写过程中得到了兄弟院校山东警察学院、齐鲁师范学院、海南政法职业学院、山东英才学院等单位的大力支持和帮助，在此一并表示感谢！

由于我们水平有限，教材编写难免有不足，真诚希望读者给予我们批评与建议，以便我们继续进步，谢谢！

编　者
2021 年 1 月

目 录
*C*ontents

第 一 章

秘书实务概述

🖊 **学习目标** ⌐

1. 了解秘书实务的内容。
2. 了解秘书实务工作的性质与特点。
3. 熟悉秘书应该具备的能力及职业道德。
4. 掌握秘书实务工作的规律与方法。

第一节　秘书实务的含义

🖊 **案例分析** ⌐

秘书与泡茶

某日上午11点，总裁对办公室主任说，下午2点有一个重要客户来，让其通知行政部做好准备，特别强调要西湖龙井茶。办公室主任当时正忙，就让秘书小李去办。小李用电话联系，行政部一直无人接听，于是小李亲自跑去行政部通知。

下午4点半，总裁将办公室主任叫去，责问为什么给客人的是普通的袋泡茶。办公室主任挨了训，就找小李了解到底是怎么回事。小李说，她先是打电话，接着亲自去，但行政部一直没人，于是在那里留了张字条。主任追问："既然行政部没人，你为什么不自己准备龙井茶呢？"小李当即脱口而出："我是秘书，不是泡茶的！"

这话很快传到总裁的耳朵里。几天后，小李被炒了鱿鱼。

小李是北京一所著名高校英语专业的毕业生，毕业后又去英国留学了两年，年前回国来到这家公司。小李的英语讲得很棒，大家说她的英语比一些英国人讲得还流利，工作能力也强，就为了一句赌气的话而被解雇，大家都觉得很可惜。

问题：为什么名校出身且有英国留学经历的小李，入职短短半年，竟因一件"小事"被认为不称职而被解雇？

📖 学习内容

一、秘书实务的定义

随着经济全球化和市场竞争形势的日益加剧，社会组织对秘书人员提出更高的要求。一般而言，秘书是领导者身边的综合辅助工作人员和公务服务人员，是为领导创造最佳决策环境的人，是领导的助手、参谋。秘书实务就是秘书在为领导提供最佳决策环境过程中的工作方法、程序和技能。

二、秘书实务的内容

根据目前秘书工作的实际情况，秘书实务可分为办文、办会、办事三大板块。

秘书的办文工作主要是指为领导撰写文稿，处理日常往来资料以及单位文件与档案的收集和管理等。

秘书的办会工作主要是指会前协助领导筹备会议、会议过程中的服务工作、会后的结尾及善后工作。当然，还包括参加外单位会议等。

秘书的办事工作主要是指日常办公室以及一些专业性不强的事务管理，主要依靠经验和责任心来处理的具体事务。秘书的办事工作内容广泛：不仅包括日程安排、随从工作、通信联络、接待和礼仪、值班和突发性事件处理，还包括资料的调查研究、信息处理、参谋咨询、协调工作、督查工作、提案办理工作、信访工作、保密工作、网站和网页管理、谈判工作和公关工作等。

根据以上秘书实务工作的内容，本书将着重研究秘书工作的主要内容、基本要求、操作规范实施程序及注意事项等。

第二节　秘书实务的性质和特点

📖 案例分析

为什么说她傻

小刘硕士毕业后，经过努力进入了一家国企，任职于该国企的行政部。小刘在校期间学的是历史专业，写了不少理论文章，其中一篇被《新华文摘》转载，此事是她简历中的一个亮点，也因此得到了行政部门李经理的赏识。小刘为此自我感觉良好，工作也格外努力。

有一天，主管行政部的田总经理来行政部视察工作，听取民意，之后对新来的小刘格外关注，当着大家的面和她聊了起来，众人也明显地感觉到田总经理对这个初来乍到者的器重。聊着聊着就谈到了历史，谈到了她那篇被《新华文摘》转载的文章。田总经理大学是中文专业的，文史哲方面的功底都不错，但小刘认为他毕竟不是学历史出身，一些观点太"外行"。说着说着竟然不客气地与田总经理争论起来。开始众人听着还觉得是一种为自己争辩的语气，后来明显变成一种居高临下的语气。只听得小刘说："你读过××的著作没有？非历史专业的人一般不问津的，所以就很难说清楚这方面的问题。"田总经理非常尴尬，感觉下不了台。这时一直在旁边的李经理打圆场说："这姑娘就是迷信书，读书都读傻了。"事后，小刘听李经理对他人说，这小姑娘哪里是什么才女，简直就是个笨蛋、傻瓜。小刘迷惑不解，头脑一片茫然。

小刘找了一个合适的机会，聆听了李经理的高论："田总经理喜欢文学，他的才气在整个单位都是有名的，他一定在心里觉得你也是个有才之人才与你聊文学历史之类的，一方面是在关心下属，另一方面在众人面前展示自己对文学对历史的造诣。你真的以为这是学术讨论、问题争鸣？真是个书呆子，不可救药。"

问题：你认为小刘的做法对吗？她应该怎样去做？

学习内容

一、秘书实务工作的性质

虽然秘书工作纷繁复杂，但就其本质而言，秘书的工作主要呈现辅助性、服从性与服务性这三种性质。

（一）辅助性

秘书的角色在工作中属于辅助人员。这一特质决定了秘书实务工作最本质的属性是辅助性。这是因为：其一，秘书工作是从属于领导或部门的工作。主要是围绕着领导与部门工作而展开的，服务于领导与部门工作。其二，秘书只是辅助领导工作，秘书在工作中没有决策权，只是为领导的决策提供文件资料、情报以及建议或意见，可以起到参谋作用，为领导的管理和部门的组织起到承上启下、内外协调和平衡的作用。因此，秘书在本质上是领导的工作助手，不能缺位无所作为，更不能越权胡作非为。

（二）服从性

秘书工作要求秘书人员对领导作出的决策坚决服从，按照领导的想法办事。尽管，我们强调人权，在政治上秘书与领导平等的，在人格上每个人是独立的，并且有着共同的目标和立业，但由于工作角色的分工不同，领导与秘书在组织上属于一种上下级的关系。因此秘书要充分认识自己的职业角色，根据领导的决策和要求展现自己的行为，严格按照领导意图办事，而不能随心所欲、任意更改领导决策。

（三）服务性

秘书角色的辅助性，不仅决定了秘书工作具有辅助性，还同时决定了秘书工作具有的服务性。因此，为领导与部门服务是秘书工作的出发点与落脚点，是秘书实务的首要任务。领导机关和领导者是组织的核心，领导机关与领导者的管理和服务对象涵盖整个组织，所以秘书实务在为领导机关和领导者提供服务的同时，还应当为整个组织提供服务。秘书实务的服务性要求秘书人员树立强烈的服务意识，化被动为主动，并积极地、创造性地做好各项工作。

二、秘书实务工作的特点

关于秘书实务工作的特点，许多专家都对其做了深入的研究，本书将秘书实务工作的特点归纳为以下四点：综合性与专业性相统一，被动性与主动性相统一，机要性与群众性相统一，经常性与突发性相统一。

（一）综合性与专业性相统一

1. 秘书实务工作具有突出的综合性。

（1）秘书实务工作涉及的范围和内容十分广泛。从秘书实务工作内容上看，看细节，可以从秘书办事中体现出来，比如接待中迎来送往就需要秘书具备多种能力；看大局，可以从秘书办会中体现出来，秘书根据领导的意图，把握全局，做好会务安排，不仅如此，秘书还需要当好参谋，做好信息收集和处理工作。可见，秘书的工作范围广泛。

（2）领导工作的全局化，也决定了秘书实务工作具有高度的综合性。因为不管处于哪一管理层次的领导，都必须把握全局，做好前景预测、发展规划、统一协调。各级秘书部门和秘书人员作为各级领导的辅助人员和参谋助手，同样必须要具备全局观念，跟着领导的规划走，站在公司发展的角度观察、分析和处理问题，提出可行性建议，做到不在其位、当谋其政。所以这也需要秘书具备宽泛的知识面，并且具备灵活应用的能力，从而满足领导者掌控公司大局的需要。所以，秘书必须同时具有较强的综合概括能力和综合协调能力，才能胜任秘书实务工作。

2. 秘书实务工作有很强的专业性。当今社会，现代管理的科学化对秘书实务工作的专业化要求越来越高，秘书也常被人调侃称"全才"。秘书的工作不仅仅局限于日常事务处理，而且对其有着更高的要求，秘书行业也有级别之分。如果想成为一名优秀的秘书，需要具备较高的政策水平、文学水平和理论水平，这是秘书应具备的办文能力；需要有较强的参谋能力、调研能力、信息处理能力，熟悉文书、档案、保密、信访、会务、通信、礼仪等方面的知识，会操作现代化办公设施，这是秘书应具备的办事办会能力。所以秘书工作是一种特殊的社会职业，想要从事秘书行业工作，就必须进行正规的专业培训，进行严格的考试，人力资源和社会保障部在全国实行了秘书职业资格证书制度。这些措施，都是为了保证秘书专业人才的培养质量。

秘书工作的专业性，还体现在不同行业的秘书必须熟悉所在行业的专门知识。例如，党委秘书要熟悉党务工作知识，行政秘书必须熟悉行政管理知识，企业秘书必须熟悉企业管理和市场经济知识等。秘书对行业知识越精通，工作起来越得心应手，否则"隔行如隔山"，就无法做好综合工作，更难发挥参谋的作用。

综上所述，要做好秘书工作，必须协调把握好综合性与专业性两者的关系。综合性是秘书实务工作的主要方面，专业性则是它的次要方面，二者相互渗透，相辅相成。秘书人员的专业知识越丰富、全面，体现出来的综合掌控能力就越强；同理，秘书人员的综合能力越强，对全局了解越透彻，就越有利于其对专业知识的掌握，二者相互结合，相互统一。这一特征也要求秘书人员一定要处理好"博与专"的关系，既要有广泛的知识面，同时也要对其中某一方面做到精通，只有这样，才能适应秘书工作的需要。

（二）被动性与主动性相统一

由于秘书实务工作具有辅助性的特征，因此，实务工作不可避免地带有被动性。毛泽东同志曾多次对他的秘书说："在工作上我是主动的，你们是被动的。"

"辅助"是相对于"主导"而言的，因为秘书和领导属于上下级关系，这种关系决定了秘书处于上级的主导控制之下，从旁协助，帮助上级完成共同的目标。处于主导地位的是领导，秘书处于从属地位。所以秘书要发挥好被动角色，起到助手、参谋、协调、补充等作用。尽管秘书能力出众，但也不能离开上级的主导和控制，更不可自作主张地替上级作决策，这是秘书实务工作中的大忌。

因此，在秘书工作中，首先要做的就是时刻认清自己的身份，要明确对不同场合、不同对象，采取不同方式处理问题，要习惯于默默为领导服务而不喧宾夺主，可以适当表现自己，但不可越位大出风头。木秀于林，风必摧之。只有做到如此，才能将自己和秘书身份融为一体，做好实务工作。

秘书工作的被动性主要表现在：首先，作为领导的参谋和助手，秘书部门和秘书人员必承领导的意图办事，不能自行其是。尽管秘书可以向领导提出不同意见和参谋建议，但在行动上、思想上秘书工作必须坚决服从领导，按照领导的指挥行动，不得擅自行动。其次，秘书部门是各级机关的枢纽和门户，临时变动的工作较多，往往会出乎意料。所以秘书部门尽管也有自己的计划和安排，但随机性强，计划赶不上变化，所以在工作中往往很被动。随着现代社会的科学技术突飞猛进，知识经济的迅速突起，领导的决策经常会出现变化，从这个意义上说秘书工作具有被动性。

同时，领导决策由以往的经验决策转变为科学化决策，这是科学技术和管理发展的必然趋势。秘书工作者作为辅助领导决策的一支特殊力量，在实务工作中，必须善于捕捉，寻找出最重要的资料和掌握最新的科技知识来协助领导的工作。尽管秘书人员在工作中往往受到领导意图的制约，但他们仍然有着发挥主观能动性的广阔空间。比如，领导需要秘书具备参谋的能力，这个时候，秘书人员在很好地领会领导意图之后，紧紧围绕中心工作，主动做出多种可行性方案供领导参考，这体现了秘书工作的主观能动性；不仅如此，秘书更要有超前意识，增强工作的预见性和计划性；还需要勤动脑、多思考，积极主动地向领导提出工作建议；秘书还需及时收集、分析、反馈数据信息以协助领导纠正工作偏差。所以，在新形势下，"秘书工作被动论"这种传统观念束缚要被解除，应该顺应新时代，积极鼓励秘书发挥主观能动性、主动思考、积极工作，做好秘书的本职工作。

因此，秘书在工作中，要处理好主动性和被动性两者间的关系。正确的做法是：秘书人员在实务工作中既要不折不扣地贯彻上级意图、执行上级指示，又要充分发挥主观能动性，创造性地贯彻领导意图，力求从被动中争取主动，不断开创秘书工作的新局面。

（三）机要性与群众性相统一

秘书实务工作是机要性很强的一项工作，汉语"秘书"一词，就包含有"秘密"的意思。英语中的"secretary"（秘书）一词中的词干"secret"为"秘密"之意。这种相似性，恰恰反映出秘书实务工作的机要性。秘书部门是各级领导中枢的综合办事机关，在领导身边工作，必然要接触到各种机密，因此，秘书要严守机密，明确事情重要性，尤其是党政机关秘书，掌握的重要情况多，机要性更强。所以，在秘书任职前需要进行政治审查，在任职后要进行保密教育。在当前激烈的市场竞争情况下，各企业尚未公开的营销计划、技术资料、客户名单等都属于商业秘密，秘书都负有保密的责任，否则将给单位带来不可弥补的损失。

秘书部门需具备机要性的同时，也要明确秘书部门的特殊性，秘书部门是综合办事机关就意味着其是各级领导汇集信息的中心，是联系各部门的桥梁和纽带，所以秘书工作具有保密性的同时又具有广泛的群众性。比如，企业中工会拟定的条款、公司的福利待遇等决策的实施，都涉及群众的切身利益，需要广泛听取群众意见，才能及时纠正可能出现的偏差，防止激发各方矛盾和冲突。同样，企业秘书在与投资者、客户、消费者打交道时，也要广泛了解、听取他们的意见和建议，为领导决策提供依据。

所以，秘书实务工作的机要性与群众性是对立统一的辩证关系，如果秘书在实务工作中，只看到机要性，而忽视群众性，把自己完全封闭起来，就会割断领导与群众的联系，脱离群众，造成信息不灵，情况不明，容易滋生官僚主义。反之亦然，如果秘书在实务工作中只看到群众性，而忽视机要性，就会在公务接待、来访接待时丧失警惕性，泄露工作机密，给工作造成被动，给单位带来损失。因此，秘书在实务工作中必须妥善处理好机要性与群众性的关系。既要坚持密切联系群众，又要时刻注意保守机密。当保守机密与联系群众两者之间发生冲突时，应该把秘书的机要性放在首位。

（四）经常性与突发性相统一

秘书实务工作既有例行的经常性工作，又有临时的突发性工作，这就形成了秘书工作经常性与突发性的特点。秘书实务工作的经常性主要表现在出现频次比较高的办文、办会、办事等工作上，比如，秘书的日常事务就是常规性工作，包括领导的日常规划、年会安排等都在计划内的事务，这些工作都是事先能预见的。而且各部门内部的分工要明确，秘书们只要做好本职工作，按部就班，就能保证秘书工作的正常运转。所以，秘书做好常规性的工作，有利于提高领导的整体工作效能。

但是，除了日常工作的运转，秘书在实务工作中经常也会遇到一些计划外的突发性事件，而且往往需要秘书快速给出反应，刻不容缓地拿出解决方案。例如，上级单位人员临时来视察，秘书必须快速为临时决定召开的会议准备资料，向突然到来的上级视察人员提供相关的资料，等等。所有这些工作秘书必须按照领导的要求突击完成，争分夺秒，为上级争取更多时间。突发性事件就要求秘书人员胆识兼备，善于应变，既要迅速敏捷，又要沉着冷静。完成突发性的工作，还要求秘书人员有过硬的素质、吃苦的精神和快速解决问题的能力。总之，能够做好突发性的工作也是对秘书人员素质与能力的一场检验。

在秘书实务工作中，秘书既要完成好经常性工作，又要能够应付突如其来的计划外事件，这对秘书是很高的要求。但实际上两者间有很大的关联。倘若秘书人员对各项日常工作得心应手，各类问题的处理方式都能熟悉运用，了解各种沟通办事方法，一旦遇到临时突发任务，就能淡定应对。与此同时，突发性任务相较于日常性事务工作更能有效锻炼和提高秘书人员的工作能力，从而检验秘书在日常工作中是否有更多的经验积累。这就是秘书工作中常规性和突发性的统一性。

第三节　秘书的职业素养和能力

案例分析

一样的事情不一样的态度

某公司因部门调整需要裁员，并以裁减新人为主，大家对此热议纷纷。小美和小丽都是今年才进公司的，两人不由得也担心起来。

小美是人事部李经理的秘书，小丽是发展部王经理的秘书，两人平时关系很要好。这次裁员名单由人事部李经理拟定。公布当日，大家都很紧张，而不幸的是，名单上就有小美和小丽的名字。并且要求两人在一个月后离开公司。小美和小丽都很难过，有些不知所措。小丽虽然觉得难过，但想到自己还要在公司待一个月，就应该珍惜在公司最后的工作机会，便决定更加认真地完成这个月的工作。小美则不那么想，她觉得自己不应该被解雇，既然公司要解雇自己，那么把这一个月的工资混到手就罢了。

第二天，小丽依然很早到公司，像往常一样，做好工作准备，把当天的文件整理好，放在王经理桌上，还为同事们倒好开水，然后开始做自己的事。而小美不但上班迟到，工作时无精打采，还在同事面前非议领导，更把公司重要文件随地乱丢，还不以为然地提早下班。

一个月很快过去，到了最后一天，李经理把小美和小丽叫到大家面前，宣布了一个出人意料的决定："经过一个月的观察，我发现小丽同志是我们公司不可少的好员工，尽管公司要解雇她，但她的敬业精神让我佩服，经过讨论，决定继续留用小丽同志，并调升一级工资。"

小美呆呆地站在那里，茫然无措，或许她正后悔自己这一个月没有像小丽一样认真工作吧！

问题：你认为小丽和小美的差距表现在什么地方？

📝 **学习内容**

一、秘书的职业素养

（一）秘书素养的含义

素养中的"素"指的是人的素质，人的精神层次；而"养"指的是修养，人的道德层面，所以素养一般指人的素质和修养。广义的素养范围不仅包括道德品质、人的素质，还包括人从表象、待人接物所展现的水平和能力等各个方面。在知识经济不断发展的今天，素养的含义也在不断扩展，它包括思想政治素养、文化素养、业务素养、身心素养等各个方面。

秘书素养的含义是秘书在职业活动中思想政治素质、职业道德规范、人品作风修养、心理素质水平、知识水平等各方面能力的表现。

（二）秘书的精神素养

秘书作为领导不可缺少的协助者，在工作中不仅要处理大量的具体事务，而且还需要辅助领导参与各项经营管理活动。因此，现代秘书工作需要秘书具备以下优良的精神素养：①思想政治素养。坚持马克思主义思想观，坚定不移地执行党和政府的方针政策。②品德素养。全心全意为人民服务，敬业守信，情操高尚，为国家、为社会、为组织无私奉献。③作风素养。耐心细致，一丝不苟，谦虚谨慎，敏捷干练，善于学习，并根据工作需要及时进行知识更新。④心理品质。健康向上，能很好地适应秘书工作岗位的需要。

（三）秘书的职业道德

道德是指在一定社会关系中，个人应该对社会或他人所承担的责任，它表明了社会阶层或阶级、集团对人们行为的规范性要求；也指个人在实践道德原则和规范时所产生的一种强烈的责任心。

职业道德指的是人们在从事职业活动时应该遵守的行为规范。秘书职业道德即秘书在从事公务活动时应该遵循的行为准则。秘书的职业道德表现在以下五个方面：

1. 明确角色，勤做辅助。在任何组织机构和企业中，各层级秘书部门对于各层级主管部门均处于从属地位，因此，秘书的工作也属于辅助性的事务。秘书工作的特殊性质决定了秘书在工作中要明确自身角色，具备甘当人梯的职业道德。同时，秘书必须正确认识自己的职责，处理好与上级的关系，不越权越位，做好辅助工作。

2. 严守纪律，保守机密。秘书经常参加重要的会议，相对于其他的职能部门，可以接触到的机密文件非常多，不仅如此，秘书在领导身边的时间长，也给秘书接触机密资料提供了便利。这决定了秘书工作的机密性远远高于其他职能部门。工作的机密性要求秘书具有高度的责任感、严格的纪律性和牢固的保密观念，严守国家和组织的机密。

3. 客观公正，实事求是。实事求是是秘书工作的基础，秘书在做好参谋工作、执行领导决议之前，首先要做的就是理清需要处理事项的脉络。不能随心所欲和想当然地任意发挥，不可弄虚作假、胡编乱造、掩盖矛盾，更不可激发矛盾和制造矛盾。尤其是在信息调研的数据收集、信息处理、督促检查、文件起草等工作中，力求反映客观事物的真实形态，实事求是，不添枝加叶，不添油加醋，更不可歪曲客观事实随意下结论。因此，秘书在从事上传下达、内外联系、协调参谋等工作中，应客观公正，实事求是。

4. 尊重平等，不卑不亢。不卑，指的是不卑微，对上级不刻意去讨好。不亢，指不气盛，对待低于自己级别的同事不洋洋得意、高高在上、盛气凌人。即在各组织机构中，秘书对在待人处事时接触的各类不同身份、不同职业的人，应该平等对待，给予他们同样的尊重。秘书处于组织的枢纽，接触群体多、类型多，这就要求秘书在日常工作中，坚持做到平等待人、不卑不亢。只有这样，才能巩固良好的人际关系，不仅为自己，同时也为公司树立良好形象。

5. 真诚待人，信守承诺。真诚待人是公民的基本道德要求，信守承诺更是秘书的职业道德要求。只有真诚待人、信守承诺，才能更忠实于自己的职业。只有真诚待人、信守承诺，秘书工作才能获得上司和同事的信任及肯定，保持各部门良好的人际关系，促进公司的和谐发展，从而有利于顺利开展公司的各项任务。

（四）秘书的作风修养

作风是指人们在思想、工作和生活中所表现出的一贯态度和行为。不同职业有自己独特的作风，而秘书的作风修养，不仅是对秘书整个群体的要求，也是对秘书单一个体的要求，包括思想、工作、生活、作风等方面的行为风格。

秘书的作风修养可以概括为：善于思考，热衷学习，认真踏实，一丝不苟；联系群众，深入实际，寻求真是；待人真诚，不卑不亢，公正平等；思维灵敏，注重效率，团结合作；勇于开拓，勇于创新。

二、秘书的职业能力

秘书工作的特点，要求秘书人员除具有较丰富的专业知识和行业知识以外，还需要有较强的语言组织及文字编写能力，以及逻辑表达能力、沟通能力、业务协调能力、独立处理办公等事务能力、会议的组织与服务能力等。此外，还应该具有一定的分析与处理基本商务的能力，如能够运用英语进行听、说、读、写的能力。概括起来，秘书的能力特点主要体现在智能、思维能力和组织能力三个方面。

（一）智能方面

1. 敏锐观察速度快。秘书工作的特点要求秘书相较于一般人更要具有敏锐的观察能力，以便在工作中能快速抓住工作重心、解决关键问题，更高效地完成秘书工作。

2. 逻辑表达思维清。秘书是领导的"笔杆子"，日常事务中都需要秘书起草各类文件，因此要具有良好的文字表达能力。同时秘书又要做好上传下达、沟通协调工作，这就要求秘书要具备良好的口头表达能力，思维清晰，传达准确。不要成为"茶壶煮饺子"的人，腹中有学识却难以表达。

3. 出众记忆质量高。秘书工作中，经常要求秘书做好各项记录工作，这就要求秘书具备良好的记忆能力，比如形象记忆、情感记忆和运动记忆等。良好的记忆能力有助于提升秘书工作的效率，能够促进各项任务完成质量的提高。

4. 自如社交信息广。与其他职业相比较而言，秘书的社交能力也格外重要，因为秘书参与的各种会议较多，接触的人和事广泛，秘书工作能否更好地开展在一定程度上取决于秘书能否做好各项社交活动。所以，秘书应当充分利用自己与上级领导之间的关系，广泛地与社会各界接触以扩展自己的信息源，处理好各项关系，从而更有利于达到良好的工作成效。

5. 有效沟通传达准。沟通能力就是秘书能够从不同的人那里了解他们的想法，从中获取有价值的信息，并且能够将自己的想法、观点有效地传达给别人。秘书在工作中要起到上传下达、左右疏通的作用。上传下达也是一门艺术，就是换位思考、角色对调的艺术。在上传的时候，秘书要站在下级角度，把下情毫不含糊地说得明明白白。在下达的时候，又要站在上级角度，把上情一字不漏地讲得清清楚楚。从而帮助上下级之间有效沟通，促进和谐关系的发展。

（二）思维能力方面

1. 独特的思考能力。思考是指进行比较深刻的、周到的思维活动。秘书往往要为领导决策当参谋，因此对秘书的思考能力也有很高的要求。秘书的思维活动不应该受到局限，应当具有广阔性、深刻性、独立性、灵活性、逻辑性与敏捷性的特点。

2. 全局的综合能力。所谓全局的综合能力，就是要求秘书胸有全局，宏观把握。

秘书要能把具体事务的各个层面均联系起来，从而形成整体的看法，然后再从中找出工作的重点。从实践来看，秘书对于工作中的各种情况、各种特征、各个部分都要进行综合考察。如果只单独了解一个层面或一个模块，就作出判断，秘书工作就会出现问题。

秘书工作总体来说还是一项系统管理工作。领导工作强调整体运行的效益与效率，作为领导活动的组成部分，秘书工作要适应领导工作的这一基本要求，及时灵敏地对领导的要求作出准确反应，迅捷而卓有成效地做好各项辅助工作，培养又好又快地为领导提供满意的职能服务的全局能力。此外，要求秘书了解领导的工作重点，这样才能帮助领导处理一些非重点的事情，从而保证领导有时间来思考一些全局性、长远性的问题。

3. 快速的分析能力。所谓分析，就是将事物的整体分解成为各个层面，或者把整体的个别特征、个别方面区分开来的过程。这和全局能力看似相反，但并不矛盾。秘书有良好的分析能力才能深入实际，把了解到的情况进行研究，以便确立决策的方案，达到事半功倍的效果。这也是做好秘书工作的重要前提。

4. 灵活的应变能力。秘书应当具有灵活巧妙的应变能力，这主要体现在秘书遇到突发性任务所展现的能力，遇到突发情况不惊慌失措，无从着手；而是沉着冷静，灵活应变。事实上，检验秘书应变能力的途径之一就是处理突发事件。社会复杂动荡，市场竞争激烈、不可捉摸，企业、单位都会有各种突发事件发生。如发生了紧急的情况，无法与单位领导取得联系或领导不能及时处理，就需要秘书展现应变的能力，从而更好地做好秘书工作。

（三）组织能力方面

1. 协调能力。秘书工作部门的性质决定了秘书的交际广泛，会和很多人、很多部门打交道，这就要求秘书有很好的协调能力，能够很好地掌握同事、领导以及各部门的思想脉络，处理好各种矛盾，调动一切积极因素，形成和谐的局面。目前来看，协调能力对于秘书而言，重要作用日益凸显。有调查数据表明，现今很多大型企业的协调型秘书缺乏，中小型企业对秘书的书写能力要求逐年下降，而对协调能力的要求越来越高。所以，就秘书的级别来说，级别越高的秘书，协调能力就越强。

2. 计划能力。计划能力是指为了组织的目标，在周密调查研究的基础上，制订实施规划（纲领）和方案的本领。对各种职位计划能力都会有不同的要求，制订计划也是秘书日常的工作之一。秘书的计划能力体现在对领导负责、协助领导，具体工作可以体现在为单位或者企业制订年度工作计划、目标、月工作安排，撰写工作总结等。

不仅如此，企业秘书还需要正确处理时间、速度与质量的关系，在工作中努力追求"高效率、高质量"。同时，要加强工作中的计划性和条理性，以保证工作运转效率。

3. 调度能力。调度能力就是指秘书能够准确运用手中有限的权力，将其作为推动力、引导力，运用手中的资源来调动各部门或部门职员，从而更好更快地完成领导交办的各项工作。秘书的调度能力强，工作效率高；调度能力弱，就无法更好更快地完成公司任务，因此，秘书的调度作用如同足球场上中场队员的调度那样重要。

4. 管理能力。与秘书的计划能力相配合、相协调的就是秘书的管理能力。秘书应当有驾驭、组织、协调、执行和控制、管理全过程的能力。

根据秘书职责的要求，秘书人员经常要按照领导的意图组织各类活动，如果缺乏一些现代的、良好的组织管理能力，就无法把工作做好。对此，秘书一方面要通晓办事的渠道，提高办事的效能，平时多思考，处处留心，谦虚学习，向身边的上级和同事多多取经，学习更高效处理事务的能力，不断提升自己、丰富自己，增加自己的阅历和经验；另一方面要有整体、大局的观点，从而更好地统筹安排工作。

第四节 秘书工作的规律和方法

案例分析

有理也让人

某市糖果糕点公司下属的乐心食品厂，这几天很热闹，人们都在议论纷纷，围绕着职工老刘与梁秘书两人谁提出了合理化建议而争论不休。老刘四处宣扬，梁秘书利用职权侵害了他的利益，非要查个水落石出不可，大有不获全胜绝不收兵的架势。梁秘书却泰然处之，不为自己辩解，和往常一样，一副什么事也没发生的样子。

原来，在沿海厂商的糖果糕点和进口糖果的联合夹击下，这座内陆大城市的十几家国有食品厂几乎家家亏损。乐心食品厂领导为了扭转亏损局面，发动全厂职工献计献策，并设下奖金。

二十多天前，老刘去医院看望一位生病的长辈时，买了一盒沿海某厂生产的甜点。他不知长辈得的是糖尿病，不能吃含糖食品。老刘在医院里了解到很多病人都希望买到椒盐饼干之类的糕点，可市场上根本买不到。沿海生产的糕点含有奶油，病人更不喜欢，本地厂家偏偏跟着沿海厂商跑，一味生产同类食品。老刘连跑了几家医院，向病人和医生作了调查后，马上向厂长建议生产一批不含糖又极易消化的椒盐类糕点，供应给医院病人，并投放市场试风。与此同时，厂长也收到了一份梁秘书进行市场调查后写成的内容相同的调查报告。梁秘书向一千多名喜欢不同的糖果、糕点的消费者发出了调查问卷。收回的几百份数据表明：老人和病人不喜欢吃奶油糕点。厂长估算了一下，本市数百万居民中，老年人有几十万，加上病人，如果每月有一半的老人和病人消费这类糕点，数量会相当可观。

厂长办公会研究后，决定批量生产椒盐饼干。新产品投放市场后被一抢而光。其后，乐心食品厂根据市场不同消费者的口味，研制出不同风味的糕点，乐心食品厂扭亏为盈。可这合理化建议的5000元奖金究竟应该发给谁，职工们争论不休，老刘更是四处游说。

梁秘书应如何对待这件事呢？可以有四种处理方法：

（1）白纸黑字，梁秘书与老刘争个明白。

（2）梁秘书与老刘平分奖金。

（3）梁秘书让厂长作出决定。

（4）梁秘书"有理也让人"，将全部奖金让给老刘。

问题：你认为梁秘书应该怎样做？

学习内容

不同的职业具有不同的规律与方法，秘书职业也不例外。秘书的职业特点决定了秘书工作具有独特的规律与方法。

一、秘书实务的规律

秘书实务的规律，是指秘书工作运行实践中，不同业务范畴中特有的规律，它是不同业务工作中固有的、本质的、稳定的关系和联系，是秘书工作一般规律在秘书活动特定领域的体现。

（一）不同行业的秘书工作有各自的特殊规律

随着当代社会生产力的飞速发展，社会分工越来越细，秘书工作职业化也得到了长足发展。秘书工作已成为从业人数众多、遍及各个领域的职业。目前，秘书职业有特定的从业要求、工作内容、专门的职业教育体系和职业管理规范。秘书职业表现出向不同行业、不同层次、不同业务领域、不同岗位分工发展的趋势。因此，一个行政机关秘书和一个企业秘书的工作性质和内容有着极大不同，也表现出不同的规律。

（二）不同工作范畴有各自的特殊规律

由于办公自动化的日益普及，现代办公设备越来越多地代替了原来需要秘书完成的琐碎工作，秘书高智能性的服务将成为秘书职业的主要内涵。在信息社会，领导决策主要需求的是秘书的"智力投资"。秘书要主动熟悉计划、组织、指挥、协调与控制等管理职能，从更广阔的领域、更深的层面上理解如何进行办文、办会和办事。无论是办文，还是办会和办事，都有各自的特殊规律。

（三）经常性工作规范化、程序化的规律

一般来说，在纷繁的秘书工作事务中，大量的是反复出现的、经常性的工作，如文件处理、会务工作、信访工作、接待工作、机要工作和督促检查工作等。虽然在不同的行业系统、不同的机关，秘书工作中的常规性工作存在差异，但在同一行业系统和同一机关内，这些反复出现的、经常性的工作是有规律可循的。

对这些经常性工作进行深入分析研究后，发现其规范性、程序化规律是非常明显的。在秘书处理经常性工作的实践中，随着经验的积累和对各经常性工作的有关要素之间关系的科学认识的深入，为了提高效率和加强管理，必然要制定有关工作规范、工作程序和科学可行的工作要求，并尽可能纳入以电子计算机为中心的现代化办公网络控制系统，使这些工作实现规范化、程序化和科学化，由此为领导管理工作提供优质服务。

（四）领导授意与秘书忠实、完整、准确表达相一致的规律

无论是在办文、办会还是办理日常事务中，秘书都要准确领会领导的意图，并将领导的意图贯彻下去。例如，为领导或组织起草文稿，是秘书的主要任务之一，也是体现秘书业务能力的重要方面。秘书草拟文稿的内容广泛，文稿的阅读对象不同，文种的体式不同，要求也各有不同。想要高质量、高效率地完成写作任务，除了要准确掌握有关材料、公务写作知识和具备较强的写作能力以外，还必须遵循秘书忠实、完整、准确表达与领导立意相一致的写作规律。否则，写出的公文就是天马行空、离题万里，达不到领导的要求。

二、秘书工作的方法

秘书在工作过程中，由于事务繁杂、范围广泛，若安排不当就会陷入忙乱之中，进而影响工作质量或效率，因此，秘书只有采取适当的工作方法，才有可能完成工作任务。虽然不同行业、不同企业的秘书，或者同一企业不同岗位的秘书，其工作内容都会呈现出不同的特点，在工作方法上会有所不同，但综观秘书的工作实践，不难找出其中的规律性及在各种岗位上都基本适用的工作方法。

（一）将工作分类排序处理

秘书经常要同时处理几件事情，如果完全不去思考，只按照事情发生顺序或任务下达的时间先后去做，就有可能顾此失彼，感到力不从心，会出现赶任务的应付，导致各项任务都完成得质量不高，或者贻误急事要事，给秘书工作带来不可估量的损失。因此，秘书必须妥善地将工作分类处理。分类的依据主要有轻重缓急的原则、工作性质的原则、相关性原则和工作属地相同的原则。

事实上，不论从事何种性质的工作、身处什么样的岗位，事情都是有轻重缓急之分的，轻重缓急包括时间与任务两方面的内容。有时候管理者忽略时间的要求，只看重任务的重要性，这样是片面的。

如果秘书能够根据自己的工作特性，科学地规划时间、安排工作，不断地调整适应，则秘书的任务工作思路将越来越清晰，目标越来越明确，工作也越来越有效率。

因此，根据事情的"轻重缓急"，排出处理事情的先后顺序就显得十分重要。

例如，有 A、B、C、D 四件事情，根据它们的紧急与重要程度，将四件事情进行两两比较：A 是紧急且重要的事情；B 是紧急但并不重要的事情；C 是不紧急但重要的事情；D 是不紧急也不重要的事情。那么在处理时，就应该按照 A、B、C、D 的先后顺序处理。

如果同时有两件同等紧急且同等重要的事情，一般而言，先完成需要时间短的，然后再完成需要时间长的。当然，可以综合考虑其他因素，权衡而定。

"巴莱多定律"就是我们常说的"二八定律"。它告诉我们，在任何一组事物中，最重要的只占其中一小部分，约为 20%，其余 80% 虽为多数，却是次要的。把主要精力集中于少数主要的相关领域。制定优先的工作次序，并且坚持已经决定的工作重点。最重要的事情（重要的少数）先做，而不是先做那些次要的事情（微不足道的多数），否则将疲于奔命、一事无成。

1. 按照事情的性质分类处理。秘书每天要处理的工作，大致可以分为事务型和思考型两种。如果将要做的工作按照这两种类型划分，区别对待，也许会收到事半功倍的效果。

事务型的工作是常规性的，日常需要处理的，按照流程照搬并不需要思考的，只要按照熟悉的程序做下去就可以，而且不怕被干扰和中断，例如收发邮件、填写工作报表、备忘录等，这些例行公事、性质相近的事情可以集中在同一个时间段来处理，即使在精神状态不佳的情况下也能完成。而对于那些需要集中精力、一气呵成的思考型工作，则要谨慎对待，在做之前要进行充分的思考与研究，才能找到工作的思路。这就需要安排精力旺盛、思路敏捷且不易被干扰的时间段，集中精力去做。通过这样的方法，秘书能使自己的工作效率大大提高。

2. 按照事情的相关性原则排序处理。相关性主要指某项工作的纵向与横向的关联性。因为管理本身是一项连续性的工作，某项任务可能是过去工作的延续，或者是未来某项工作的基础。所以，任务开始之前，要纵向和横向都看一看、想一想，以免造成不必要的返工。

根据事情的相关性原则，秘书在同一时间内尽可能地做相同类型的事情，使完成这类事情成为机械运动，或者形成惯性。这就需要秘书首先把工作划分为几个方面，分块处理，同一块内容在相连的时间内完成。这样能从根本上提高工作效率。

比如，做一项设计的工作，首先把基础材料全部准备好，再把文字录入全部完成，然后材料搜集一次完成，最后把方案一气完成，中间不穿插任何与此无关的事情，这样就保证了做某块工作时所产生的经验，能够为下一件同类的事情所用，减少了过渡时间，提高了效率。这如同人们所说，让专业的人做专业的事一样。所谓专业的人就是专于某业或精通于某业的人。他们用相关经验和技巧完成此类工作时，节约了转换角色的过渡性时间，又因为具有可以提高工作效率的技巧，所以产生的结果就大不一样了。

3. 按照事情的属地原则排序处理。工作属地相同原则指将工作地点相同的业务尽量归并到一块儿完成，这样可以减少因为工作地点变化造成的时间浪费。这一点对现场工作人员尤为重要。如果这一点处理得好，就可以避免在现场、办公室、其他单位或部门之间频繁往返。这样既节约了时间，少走了路程，还提高了工作效率。

（二）科学合理地使用工作时间

秘书必须有计划地使用时间。所谓有计划地使用时间，就是在时间资源的使用上，做到有计划地对时间进行定量使用。

1. 避免盲目地使用时间。秘书每天工作繁杂、时间宝贵，因此要对时间作出计划，并按计划的安排合理地利用时间，以消除使用时间的盲目性和随意性。时间计划的安排，还应该与领导工作的时间安排相契合。

2. 合理分配各项工作使用的时间。秘书工作有繁琐的、简单的、日常的、突发的等各种不同类型的工作，要根据工作的需要，有计划、有目标地制订每项工作所需要的时间标准，从而对这些工作的时间作出大致的分配。

3. 在规定的时间内完成工作。秘书工作中，要求具有计划性，在完成每一项工作时，都应该按照预定时间的标准进行有效的控制，在保证质量的前提下，快速地完成上级布置的工作任务。

4. 合理使用零碎时间的方法。人的一生中，有很多的零碎时间，这些时间不完整。所谓零碎时间，是指不构成连续时段的某项工作与另一项工作衔接之间的空余时间。比如，要去某市开会，在待机过程中的时间就属于零碎时间，这是可以预计的空余时间；出现在计划外的、没有思想准备的时间，比如会议突然取消，这是不可预测的零碎时间。这些时间在秘书工作中经常出现。例如接待某一位预先约定好的来访者但由于对方出现意外情况而不能赴约，因此秘书要白白等待一段时间。例如公务出差的候车时间、等待会谈代表到来的时间等。对于零碎时间，若能合理利用，也能发挥重要的作用。例如可以利用零碎的时间看报、看书，可以用来处理信件、整理办公室、思考问题、打腹稿、打电话联系工作等。充分利用零碎的时间处理那些零碎事务，在整段的工作时间集中精力处理较重要的事务的方法，就是合理使用零碎时间的方法。在工作之余还可以利用零碎时间给自己充电，也不失为一种好的习惯。

（三）经常性工作规范化、程序化

一般来说，在纷繁的秘书工作事务中，大量的是反复出现的、经常性的工作，例如文件处理、会务工作、接待工作、督促检查工作等。虽然在不同的行业系统、不同的机关，秘书的常规性工作存在差异，但在同一行业系统或同一机关内，这些反复出现的、经常性的工作还是有规律可循的。

对这些经常性工作进行深入分析研究，会发现其规范性、程序化规律非常明显。

在秘书处理经常性工作的实践中，随着经验的积累和对各种经常性工作的有关要素之间关系认识的深入，为了提高效率和加强管理，必然要制定有关工作规范、工作程序和科学可行的工作要求，并尽可能纳入以电子计算机为中心的现代化办公网络控制系统，使这些工作实现规范化、程序化、科学化。所谓没有规矩不成方圆，如果将分工明确到一定程度，使工作流程更为顺畅，整体效率就会提高。

（四）井然有序地存放文件和物品

办公场所明亮卫生，资料和文件摆放得井井有条，既能够使人心情轻松愉快，也有利于工作质量的提高。比如，有些秘书的办公室乱成一团，从中都无法快速找出纸笔，电脑桌面各类图标满满当当。不仅让人感觉凌乱，更容易误事、泄露公司机密，造成不良的后果。

秘书对待自己的办公桌应该像对待自己家中的书桌一样，物品分类摆放，做好各种标记，办公桌上、抽屉里、文件柜里的文件与资料分类，整理存放得井然有序，书桌干净整洁，倘若要找某份文件，立刻就能拿得出来。做到这个程度，才能体现出职业素养。文件存放虽事小，却反映秘书人员的工作责任心、组织能力、处事态度、办事效率、可依赖程度，甚至可以从中看出秘书的性格和为人处世。文件存放工作做得好，可以促使各项工作高效完成。

现今，很多领导或者老板，在关注员工的个人能力的同时，也会很注意员工的办公室。如果员工的文件资料摆放得不规范而且很零乱，那么他们绝对会对该员工的印象大打折扣甚至觉得此人在生活中应该是很邋遢的，一旦人的第一印象形成就很难改变。因为，只要留意一个人文件摆放的情况，就不难推断出一个人的办事能力。如果你的面前总是有一大堆文件，这就暗示你一定经常受到困扰，或者你的工作能力和条理性比较差。

（五）养成有利于工作的好习惯

秘书要在工作中逐渐学习并养成一些好习惯，这常常有助于工作效率的提高。

1. 做任何事情都要有前瞻性，未雨绸缪，防患于未然。在秘书的日常事务中，经常要为各种会议或活动做准备。例如准备每年度的董事会、股东大会、上级年度抽查、将来某个时间的会务安排、商务谈判等工作。这些工作重要且有较长的时间可以做相应的案例筹备，但是如果不提前着手，临时抱佛脚地仓促完成则极有可能会出错。

2. 在工作时间里不做与工作无关的事，特别是私事。信息时代，人与人的交流也越来越便利，有些人在工作中往往会受到外界信息的吸引，比如接私人电话或者和同事私聊等，这样既浪费了时间，也使自己手头的工作被中断，再回到工作中来时还需要重新理清头绪，从而导致工作效率降低。

3. 不将情绪带到工作中。秘书在工作中，被上级批评、被同事误解或是生活中遭遇不顺心的事情时，往往会影响自己的情绪，而情绪的好坏往往会影响到工作状态。

"不做情绪的奴隶,要做情绪的主人。"秘书在工作中应该适当控制自己的情绪,尤其是不要把一些不好的情绪带到工作里,以防出错。

4. 不断地学习与总结。秘书工作技能的提高,一方面来源于知识的不断积累,另一方面来源于积累的经验。随着现代科技的飞速发展与市场竞争的加剧,可以说身边的一切都时刻在发展。所以,秘书职业也必须与时俱进,不断地学习进步、总结经验,丰富自己的知识,提升自己的技能,否则将难以达到行业内对秘书职业的要求,也影响自己的工作质量与效率。久而久之,终将被社会所淘汰。

此外,每天日常事务的处理需要时间成本,例如查看电子邮件、和同事或上级交流、整理办公室等这些工作。秘书在这些事务上花的时间越多,工作就显得越繁杂、效率越低下,所以,秘书只有集中完成这些工作,才能腾出更多的时间和精力处理更重要的事情。

三、秘书实务的操作规范

(一) 秘书实务方式设置

本书根据秘书实务的内容,设置工作实务任务,任务以项目训练为主。每章运用简短的篇幅对本章的知识点进行复习,每一节根据知识点,设置与知识点相关、在秘书职业实际工作中运用较多的事例进行实训,要求学生在实训过程中学会相应的知识。

在实务过程中,有些实训项目任务比较重,学生可以分组协作完成。一般情况下3~4人一组,每组推举一名组长,每个组员根据不同的实训项目,扮演不同的角色,并完成该角色应该完成的秘书工作。

(二) 秘书实务场地要求

秘书实务场地最好是60平方米左右的实训室。实训室中模拟现代企业办公模式,将实训室用隔板隔成若干小型办公室,每一个办公室作为单位的一个部门,每个部门要有一台能够上网的电脑,每两个办公室要有一部电话和传真机,整个实训室要有两台复印机、两台扫描仪、数码相机、摄像机和碎纸机等办公设备。

(三) 考核方式

秘书实务考核主要考查学生完成项目任务的情况,要求学生根据不同的项目任务,个人独立或者小组协作完成相应的任务,并形成电子文本,参加成果汇报。汇报时每个小组推举一名中心发言人,发言时必须将发言内容制作成PPT,其他成员可作补充。发言结束后,小组先自评,接着由学生相互点评,最后由老师结合学生学习、完成任务的情况进行点评。任务完成后,学生上交电子文本和打印的纸质文本,教师根据学生上交的作品情况,结合学生的汇报情况综合评定秘书实务的成绩。

本章小结

秘书实务是一门研究秘书业务活动及其规律的应用学科。从培养复合型、应用型秘书的需求出发，本章首先归纳了秘书实务的内容范畴，然后分析了秘书实务工作的性质与特点，以及秘书具备的能力和职业道德，最后，提出了秘书实务的规律和操作规范。

实践训练

训练一

一、实训目标

通过训练让学生了解企业的组织结构，以便在以后的学习中，对秘书工作在单位中的地位及工作程序与方法有一个总体的认识。

二、实训内容

学生通过电话、问卷、网络等调查方式，了解企业的组织结构与部门职责。

三、实训要求

1. 画出企业组织结构图，并写明每一个部门的工作职责。

2. 在下一次课上，教师将学生的组织结构图与部门职责收齐后，重点讲解。也可以挑选一部分学生到讲台，向全班介绍自己调查到的企业组织架构与部门职责。

训练二

一、实训目标

通过训练让学生了解企业秘书工作的主要内容、秘书应该具备的能力、秘书的职业道德以及秘书的工作方法。

二、实训内容

学生通过电话、问卷等调查方式，向社会上的秘书人员进行调查，了解他们的工作内容、工作方法、秘书应该具备的能力及职业道德。

三、实训要求

1. 调查要求两周内完成。

2. 根据调查，写一份不少于 800 字的报告，在报告上要写明被调查者的姓名、单位、地址及联系方式。报告要求条理清楚，层次分明。

课后作业

1. 秘书制订工作计划分为几个阶段？

2. 秘书工作的性质是怎样的？

3. 怎样理解秘书必须成为"全才"？

4. 请举实例说明不同行业的秘书工作有哪些特殊规律。

第 二 章

日常事务管理

1. 了解秘书日常事务工作的内容。
2. 熟悉办公室环境管理内容。
3. 掌握联络通信方法。
4. 掌握印信工作方法。
5. 掌握保密工作方法。

第一节 日常办公室管理

🖋 案例分析 ⌐

在一个阳光明媚的下午，某公司总经理秘书小王带领客户李经理一行参观公司的办公楼和生产线。在送客人走的路上，秘书小王笑着问李经理："李经理，请问您对我们公司的印象怎么样？"李经理想了想说："念在我是贵公司老客户的份上，恕我直言，整体上还行，只是有些地方需要完善。"小王脑子快速地运转着：为了迎接这次参观，我特意带人整理了办公区域，生产车间那边也是提前打了招呼安排好的，会见他的公司领导说话也没什么纰漏。于是，小王微笑着询问原因。李经理说："你们的生产技术没得说，在国内算得上是一流的。但是你们的办公区域规划不合理，比如，采购部的办公室，一进门就是一排柜子挡在那里；生产区域的几盆花已经蔫了；生产部门口的牌子是歪的。"秘书小王心里暗暗叫苦："李经理的眼光好'毒'啊！"嘴上赶紧道："非常感谢李经理的直言相告，您的意见非常好，我会反映给我们的领导，马上改进。希望贵公司能够继续保持与我们的合作，也欢迎李经理以后常来公司做客。"

问题：你觉得客户李经理是不是太挑剔了，为什么？

学习内容

一、办公环境管理

（一）办公环境的含义

办公环境从广义上说，是指一定组织的所有成员所处的大环境；从狭义上说，即指秘书机构所处的内部环境，它包括秘书机构所处的人文环境和自然环境。本节所介绍的办公室环境管理即是关于办公室自然环境的管理。

自然环境包括办公室所在地建筑设计、室内光线、颜色、办公设备以至空气，还包括办公室的布局、布置等因素。秘书对办公环境进行管理，就是不断优化办公自然环境。通过对办公室自然环境进行合理的设计、控制和组织，可使办公环境达到最优状态。

（二）优化办公环境的原则

1. 舒适。对于办公室来说，不管是装潢还是摆设，都应以舒适为准。光线、色彩、温度、声音等在不同程度上对工作人员的情绪都会有所影响。因此，秘书在设计办公室时应首先注意这些因素。其次，整洁有序的环境有助于营造舒适的氛围，不论是办公室内、办公桌上，还是抽屉里，不要放置与办公无关的东西，办公文具的摆放要井然有序，使办公环境整洁舒适。

2. 和谐。一个和谐的办公环境能激发工作人员的团队精神。因此，在优化办公环境时，要注意其和谐性。如办公室的办公桌椅、文件柜的大小、样式、颜色要尽可能协调统一，这不仅可以增强办公室的美观效果，还可以起到强化成员之间的平等观念，创造和谐的人际关系的作用。

3. 合理。办公室布局应该力求方便合理。如相同或相关的部门应尽可能安排在相邻的地点，既避免人员穿插迂回，又便利人员密切联系。又如布置办公室时要留意附近的环境和办公室存放物品的安全，如档案柜、保险柜的放置应远离大门，谨防被盗、失密、泄密等。

（三）办公室布局

1. 开放式布局。开放式布局是将一个大工作间"切分"成多个相对独立的工作单元，把组织内部各职能部门的所有人员按照工作程序安排在各工作单元中，工作单元的"切分"可以通过活动物件（如办公桌、活动屏风、书架等）来实现。这种布局模式有其突出的特点：

（1）有利于沟通。把所有人员集中于一处，且彼此没有墙壁阻隔，也没有明显的等级标志，部门与部门、领导与员工、员工与员工相互之间交流的心理障碍得以消除或减小，互动性高，工作的合作更为灵便，工作效率也随之提高。同时，也更方便领导接触员工，观察员工之间的相互影响，有利于管理工作的进行。

（2）有利于节省办公空间和经费。有关数据显示，开放式布局的面积比传统办公室面积减少了20%～30%；同时无须投入大量资金：办公的集中化，也使办公设备的共享性得以提高。

开放式布局也存在着一定弊端，如在工作环境中，难以进行带有私密性的工作；噪音大，"此起彼伏"的谈话声、机器设备声、电话铃声等，使人难以集中注意力开展工作。此外，对于一些人来说，可能有被监控的感觉。

2. 封闭式布局。封闭式布局是一种传统的办公室布局，是把组织内部各职能部门独立安排在一个个房间内，组成一个个独立办公室。

封闭式布局可以使工作环境显得相对安全，有利于保密；适用这一布局的工作属于高度自主性工作，不需要和同事进行太多互动。封闭式布局可以使办公人员拥有相对独立的私人空间，有效地保护个人隐私；相对安静的工作环境，也使人易于集中注意力，从事更为细致和专业的工作。

封闭式办公室也存在着一定弊端。主要是各职能部门之间的信息难以得到及时有效的沟通，工作协调也不够快捷灵便，工作效率会受到一定影响，并且办公空间的占用率较大，这无形中增加了办公费用。

3. 混合式布局。混合式布局是指在开放式布局的大办公室内，把各职能部门用组合式办公用具或其他材料分隔开来，组成若干个工作区域。这种布局模式把开放式和封闭式结合起来，扬长避短，使各部门既相对集中，又在一定程度上避免了相互干扰，是较为合理的办公室布局模式。

（四）办公室的布置

1. 办公室物理条件管理。

（1）空气。空气环境的好坏，对人的心理和生理有直接影响。清新的空气能振奋人的精神，而混浊的空气不但使人精神萎靡，还有损健康。空气环境以空气温度、湿度、清洁度来衡量。

第一，温度。温度对人体的影响显而易见。温度过高，会使人烦躁困倦，思维迟钝；温度过低，人的动作会明显迟缓。适宜的温度则使人心情舒畅，精力集中，思维流畅。一般来说，办公室的适宜温度是22℃～26℃。

第二，湿度。湿度是空气中水蒸气的含量。湿度过低，人会感觉口干舌燥；湿度过高，人会感觉烦闷透不过气。适宜的湿度使人感觉清凉、爽快、精神舒畅。在正常温度下，办公室理想的相对湿度是40%～60%。

第三，清洁度。空气的清洁度是表示空气的新鲜程度和洁净程度的物理指标。空气的新鲜程度是指空气中氧气的比例是否正常。在一个封闭的办公室中，空气中的含氧量降低，人会出现胸闷或压抑的不适感，从而影响工作。因此，办公室应经常开门、开窗或开启排气扇、空调机，使空气形成对流，保证空气的新鲜和洁净。一般来说，在室内温度22℃左右，空气的流动速度在0.25m/s时，人有微风拂面的舒适感，人体热量散发保持正常。

（2）光线。根据《建筑照明设计标准（GB50034-2013）》规定，普通办公室一般0.75m水平面的照度标准值为300Lx。亮度过高或过低，都容易造成视觉疲劳进而引起身体不适。科学测试证明，适当而稳定的光线，可以增加工作安全性，使工作效率提高10%~15%。因此，布置办公室时应多考虑光线因素：①尽量利用自然光，因为人工照明比自然光源容易使人疲劳。②办公桌上最好配置台灯并加灯罩，亮度适中，避免灯光直射入眼。③最好让光源来自两个方向。④尽量避免因电脑、办公桌台面、玻璃或其他有光亮表面的物品反光刺激人的眼睛。

（3）色彩。色彩对人的情绪有直接影响。办公室内墙、天花板、地板、办公家具等色彩是否和谐，直接影响人的情绪。办公室的色调从总体上说应单纯柔和，使人感觉平静舒适。内墙宜采用白色、乳白色等浅色调；会议室、接待室多用淡黄色。为保持较高的光线反射，天花板一般用白色；地板以纯色为佳。

（4）声音。办公室以安静为首要条件。噪音干扰会使人注意力分散，思维迟缓，记忆力减退，甚至产生烦躁、厌恶等不良情绪。中华人民共和国国家标准《声环境质量标准》规定，办公环境的噪音，白天应在55dB以下，晚间则应在45dB以下。布置办公室应采取相应措施排除或降低噪音：①尽可能让办公室远离噪音源，如果噪音对办公室造成影响，可在办公室和噪音源之间用绿化带阻隔；②采用隔音玻璃、隔音板等控制噪音；③播放轻音乐，轻快抒情的音乐能调节人的身心，使人心情舒畅，愉快工作。

2. 工作空间的安排。

（1）办公桌的排列与物品摆放。办公桌的排列要求有：①按照办公室工作程序的先后顺序自前而后直线朝同一方向摆放排列，这样可避免面对面，以免使人有被监控的感觉，也可减少相互干扰；②排列方向应考虑光线，应使光线来自左方，以便顺光书写和阅读；③注意合理安排公关活动空间。各座位间通道大小要适宜，一般通道宽留足1.5米，桌与桌距离以1米以上为宜。此外还应留出必要的公共空间，如茶饮、公共阅读、休息、临时接待等公共空间。

办公桌物品的摆放要求有：办公桌大小要适宜，以足够放置常用的办公用品，并留有适当空间。办公桌是"门面"，也是良好心境和高效工作的基础，秘书不要忽略这项工作，要把自己的办公桌面摆放得井然有序，如此才能成为善于组织的秘书。

（2）办公椅。办公椅应有靠背，座椅的高度、大小、样式应与个人的身材相适应，并尽可能与办公桌相配套。尽可能使用可以调节方位和调节高低的旋转椅，既方便工作，也可减缓疲劳。

（3）文件柜等办公家具。

第一，办公家具的选用。在办公家具的选用上，除了注意实用和安全外，应尽可能使其规格、颜色、款式等风格一致，和谐统一。整齐划一的办公家具，可以增强办公室的美观效果。

第二，摆放档案柜、书架等大件办公家具时，可将其靠墙摆放或背对背摆放，充分依靠"墙体效应"，这样既可节省空间，也能使办公室看起来整齐、美观。若条件许可，可采用办公自动化系列家具。这种家具在设计上融合了"办公室整体规划系统"的主张和人体工程学的理念，充分考虑 OA（办公自动化）设备的整合、环境景观的设计、整体规划及使用效率管理、网络、照明、噪音处理等细节，在款式、规格、颜色等方面也考虑到使用的整体性，以及日后办公室搬迁或扩展种种因素，不仅有利于提高工作效率，对提升整体企业形象也有较大帮助。

（五）办公室的美化

1. 办公室的绿化。绿化是办公室美化的重要内容。绿化不但可以美化环境，使人赏心悦目，产生良好的视觉感，也可以调节办公室空气。对于封闭型办公室来说，办公室的绿化更被誉为"无声音乐"。几盆花草，郁郁葱葱，可使人心旷神怡，从而调节工作时的心情。

办公室绿化应以适时适量为原则。适时就是要考虑不同季节和不同时机，比如不同季节开放的鲜花等；适量是指办公室绿化植物不宜放置过多，避免出现植物跟人"争氧"的情况，因为绿色植物在没有光照的情况下，吸入的是氧气，吐出的是二氧化碳。如果不经常开窗换气，久而久之就会降低空气中氧气的浓度，影响室内空气的质量。

2. 办公室的装饰。办公室是工作场所，节奏较快，在合适的地方悬挂一幅字画不仅可以美化办公环境，还能使人身心愉悦。生态与绿色、安全与合理、人文与健康是办公室装饰的基本理念。

办公室的装饰应当注意以下问题：①字画的色调要尽量与室内的陈设相一致。字画的内容应该精练简洁，具有现代装饰趣味。②注意采光。特别是装饰画，因为每幅画都有明暗之分，绘画的光源常采取左上方来光。向阳的办公室，图画应挂在室内与窗户成直角的右侧墙壁上。这样，窗外的自然光源与画面上的光源方向相互呼应，容易和谐统一。③注意选择适当的位置。装饰字画一般是挂在引人注目的墙面开阔处，如迎门的主墙面，沙发、茶几和写字台等后边的墙上。而房间的角落及阴影处就不适合悬挂装饰画了。④注意挂字画的高度应便于欣赏。字画的高度应以字画的中心在人直立平行线偏高位置，一般距地面两米左右为宜，不要过高或过低，也不要高低参差交错。⑤注意所挂字画的数量不宜多。办公室字画数量太多，会使人眼花缭乱。一两幅经过精心挑选的作品，完全可以起到画龙点睛的作用。

二、办公用品管理

秘书对办公物品的管理直接影响办公人员的工作效率，因此要保证办公物品适时、适量、按需要发放，并对办公物品进行科学的管理。

办公物品可以作如下分类。纸簿类消耗品：复印纸、信纸、信封、笔记本、稿纸、复写纸、卷宗、标签纸等。笔尺类消耗品：铅笔、刀片、签字笔、荧光笔、橡皮擦、夹子、胶水、胶带、钢笔、打码机、姓名章、日期章、日期戳等。装订类消耗品：大头针、图钉、修正液、电池、剪刀、美工刀、订书机等、打孔机等。办公设备耗材：打印机、复印机、电脑、光盘等。

（一）办公用品的购买

秘书应根据办公用品实际用量和库存情况制订合理的办公物品购置计划，并将该计划提前报至主管领导批准后购置。特殊办公用品、低值易耗品和通信设备的购买，必须经更高级别主管领导批准，由公司负责统一购买。紧急需求的小件办公物品可以由秘书人员直接去商店购买。秘书应掌握消耗品在正常情况下每月的平均消耗量以及各种消耗品的市场价格、消耗品的最佳采购时间。在此基础上，确定采购量与采购日期，以最小的采购成本满足日常事务对消耗品的基本需求。

购买办公用品要选择信誉良好的供货商。首先考虑的是质量和交货，能够提供正规厂家的优质产品，有质量问题的物品可以更换，交货准时。其次是价格合理，在批量购买、季节削价、年终清货时可给予较好的优惠。还要有较好的售后服务，遇到使用问题时，可以很方便地联系供货商来解决。

在收到供货商发来的办公物品以后，应及时办理办公设备和办公用品的进货手续，检验入库、造册登记，衔接好办公设备和耗材采购、进货、发货和使用的中间环节，建立一套办公用品和耗材的管理程序。

1. 办公设备及办公用品接收的程序。

第一，先用订货单和通知单核对对方交付货物时出具的交货单及实物。

第二，发现数量不符，应立即通知采购部门。

第三，若接收数量有出入，也应通知采购部门，按真实数量支付货款。

第四，接收的每一类货物的详情应记录在办公用品库存卡的接收项中。

第五，接收后，要及时更新库存数量。

第六，将接收的货物按照办公用品存储规定放置。

第七，制定物品发放制度，确定物品发放人。

2. 办公设备及办公用品接收报账手续。秘书按订货单验货结束，应在进货单上写明到货品种、数量、单价和金额，加盖印章或签名，并转交财务结算或支付。

（二）办公用品的保管与发放

办公用品进库后，必须保存在安全的地方并有序摆放，以防物品损坏或丢失。

1. 库房保管措施。

第一，储藏间或物品柜要上锁，保证其安全。

第二，各类物品要清楚地贴上标签，标明类别和存放地，以便能迅速找到。

第三，新购进的物品应置于旧物品的下面或后面，先来的物品先发出去，保证物品不会因为过期而造成损失。

第四，体积大、分量重的物品放在最下面，以避免从架子上取物时发生危险。

第五，小的物品、常用的物品，如订书钉、橡皮、书写笔等，应放在较大物品的前面，以便于看到和存取。

第六，储藏间要有良好的通风，房间保持干燥。

第七，储藏办公用品应有适当的照明，以便于查找物品。

2. 办公用品的发放。

第一，文具消耗品可依据历史记录（如以过去半年耗用平均数）、经验（估计消耗时间）设定领用标准（如书写笔每月每人发放 2 支），随部门或人员的工作状况调整发放时间。

第二，文具消耗品限定使用人员；自第二次发放起，以旧品替换新品，但纯消耗品（如铅笔、A4 纸等）不在此限。

第三，新进人员到职时由各部门提出文具申请单领取文具并列入领用卡，人员离职时将剩余文具一并交还。

第四，各工作岗位设立耐用办公用品档案卡，由秘书部门定期检查使用情况，如物品非正常损坏或丢失，由当事人赔偿。

第五，固定时间发放办公用品。秘书除了审核物品申请单以外，还要登记好办公用品和易耗品出货记录。内容包括：物品名称、编号、申领部门、发货人、物品数量、特殊要求、申请人签名、批准人签名、领用日期等。

第六，物品的保管、储存要符合本组织制定的规定要求。

第七，保管好进货、存货和发放办公用品的记录和资料。

（三）办公用品的库存

机关团体或企业在运营中，所需要的办公用品、消耗品应当得到及时足额的保障，但又不能大量存放，占用资金和库房面积，因此需要掌握合理的库存数量，建立库存记录。库存记录可登记在库存记录卡片上，或者使用计算机库存控制软件、电子表格或数据库等来记录，不管使用什么方式，记录的基本内容都是相同的。

1. 库存记录。记录库存情况是为了准确掌握办公物品的出入及存量情况，了解办公物品的使用状况以便安排采购事宜，保证组织机构对办公物品的需求的满足。具体来说，其作用是用来保证资金不被不必要的库存占用；空间不被用来存储长期不用的货物；监督个人和部门对物品的使用；保持充足的库存，以维持组织的顺利运作；监督人为因素造成的损失；利用库存记录进行估价。

2. 库存记录卡。库存记录卡应包括以下内容：

第一，项目。包括大小、颜色和数量，例如 A4 白文件纸。

第二，单位。货物订购、存储和发放的单位，如令、盒、包、个、只、双等。

第三，库存参考号。给每一库存物品编号，库存参考号与存放位置相联系，例如 C4，柜子编号 C，架板编号 4。

第四，最大库存量。即一种物品应该存储的最大数量，确定这个数字应充分考虑到费用、存储空间和保存期限几个因素。

第五，再订货量。即当库存余额达到这个水平，必须订购新的货物来使余额达到最大库存量。这个数字通过考虑多少物品能保证业务的运行、平均使用量、物品交货的时间长短来确定。

第六，最小库存量。当库存余额达到这个水平，必须采取紧急行动检查是否已经订货，并与供应商联系，催促发货，确定可以接受的交货时间。紧急时有必要向供应商紧急订购，以保证在短时间内就能交货。

第七，日期。记录每一笔物品进、出的日期。

第八，接收。记录每一笔收货信息，包括名称、数量以及发票号和供应商的名称。在一些记录卡片上，供应商的名称记录在卡片的前面，在这种情况下，物品的库存参考号可能是供应商的目录号。

第九，发放。记录每一笔发放物品的名称、数量，所发放物品的申请号和物品发给的个人/部门。

第十，余额。在每一次收、发后计算物品的库存余额。余额代表库存物品的实际数量，并用于执行库存检查。发现差异要通知和报告给管理人员。

3. 库存的管理要求。

第一，秘书在收到货物以后，应立即办理办公设备和耗材的进货登记，保证办公设备和耗材准确无误地进入库房。

第二，办公设备和耗材出货时，秘书应实时地办好出货手续，对发放什么物品、发放给谁等做好记录。

第三，对办公设备和耗材的出入库，库存管理要求保持进货卡、出货卡和库存卡三卡一致，保证对办公设备和耗材库存的有效管理。

第四，对决定报废的办公用品做好登记，在报废处理册上写清用品名称、价格、数量及报废原因，报上级领导批准后施行。

第二节 联络通信

📖 **案例分析**

2018 年 10 月 10 日，某公司秘书小王接到一个电话，来电者要找市场部张总，张总不在公司。秘书小王不加思索地回答道："对不起，张总不在公司，现在正在忙着准备 10 月 20 日的新产品的新闻发布会。"

几天后，某竞争对手在 10 月 16 日召开了同一类型的新产品新闻发布会，抢占了市场。

秘书小王的失误就在于她在接听来电中将本企业的商业秘密——新产品的新闻发布会不加思索地告诉了陌生的对方，而对方正是该产品的竞争对手，于是被对方提前抢占了先机，使公司遭受了巨大损失。

问题：你是小王的话，会怎么回复电话？

📖 **学习内容**

一、接打电话

（一）接打电话的基本原则

1. 态度和气。通话时，要对人和气、谦虚、耐心、有礼貌。通话的目的是办事，而态度不好往往会事倍功半，甚至一事无成。

2. 表达规范。通话过程中，由于看不到对方的态势语，信息传达只能依靠语言，因此，电话语言必须准确达意，使人一听就懂。秘书人员要能够使用标准的普通话进行电话交流。不论是发话还是接听，都要先问清对方的姓名和单位，然后再谈话。

3. 语言简洁。电话沟通要占用通信线路，秘书人员必须有强烈的时间观念，通话时语言要简洁，长话短说，不说与主题无关的事。

4. 办事准确。通话是为了办事，办事就要办妥。为达此目的，秘书在通话前应把通话内容拟成腹稿或整理成文字；接听电话时要做好电话记录，及时办理相关事务。

5. 保守机密。通话时要遵守保密纪律，谨防泄密。

（二）接电话的注意事项

1. 电话铃响两遍，立即接听。拿起话筒，先说出自己单位的名称，或自己的姓名，使对方确认打对了号码。左手持话筒，右手准备记下对方的留言。

2. 接到打给领导的电话。

（1）留心确认对方的目的，不遗漏要点。如果不清楚就要加以确认，并用笔做记录。

（2）领导在会议或面谈中，如果有紧急电话，可以用便条将对方来电的目的传递给领导。

（3）如果领导不能立即接听，则问对方："他现在有事，要稍等片刻才能接听，可否请您大约×分钟后（或×点钟）再打过来或留下您的电话，请他回电。如果可以，请您留言，我会及时转达。"

（4）领导不在时，如果对方要求留言，则需要问清留言内容、是否要回电、电话号码、回电给谁、联络对象，并将内容复述一遍以便确定，并报上自己的姓名。

（5）对方问领导电话、地址时，确认对方身份，并询问理由再决定是否告知，而不可随意告知。

（6）如果找领导的人是其朋友或有业务关系的人，那么秘书不应该妄攀交情，畅谈一番。

3. 两个电话铃同时响起时的接听注意事项。接听一个电话时，另一个电话也响了，首先对第一个电话讲"对不起，请稍等一下"，接起另一个电话，并请其稍等或晚些再打过来，然后接听第一个。待接听第一个电话完毕，向另一个电话的打电话的人表示："刚才让您久等了，很抱歉。"

4. 电话结束时，以结束语致意。等对方挂上电话，再轻轻挂上电话。

（三）打电话的注意事项

1. 打电话前的准备和过程。首先考虑打电话的时间是否合适。一般在节假日、对方单位的休息日、午餐和晚餐时间、刚上班和即将下班时不宜打电话。如果是打国际电话，那么一定要考虑时差因素。

在打电话前先计划好谈话的内容，理清你想说的事实和要点。有必要的话，面前可以放一个提纲。同时把所有的文件和其他材料都准备好，特别是在打长途电话时。

查清并仔细核对对方的电话号码，确保一次就能成功通话。秘书要能够记住常用电话号码，对更改的电话号码要及时记录。

要使电话通信更有效率，秘书应该养成良好的习惯。在办公桌上或任何工作的地方都备有随时可供记录的本子和笔，并养成左手拿话筒、右手执笔，随时准备记录的好习惯。

2. 当对方接听电话时，先问好，接着告知对方自己的单位名称、姓名，并请问对方姓名。接着将要讲的话简明扼要地告知对方。谈完话，将重点部分再确认一遍，或请对方再复述一遍。最后，说些礼貌的结束语，再轻轻地挂上话筒。要注意说话的音量，不要太靠近话筒，声音不要太大，也不要太低沉。

3. 当对方不在时，留言要告知转达者简要的内容。方便的话，请对方回电，重述自己的单位与姓名，并问清传话人的姓名。

4. 电话中途断了,由打电话的一方再打,可以表示:"对不起,刚才电话突然断了。"

5. 代领导拨打电话。秘书经常会替领导拨通电话,如果找的人是领导的平级或下级,可以让要找的人先接电话,简要自报家门,然后请对方稍等,把话筒交给领导,或将电话转接进领导办公室。如果找的人是一位地位较高的人或尊长,你跟对方的秘书说完之后就应该请领导接过电话,告诉领导要找的人马上就会来接电话,让领导直接与对方通话;如果对方已经讲话,就道歉说:"对不起,请稍等一下。"一般而言,领导会亲自给上级或尊长拨打电话,而不是由秘书代为拨打。

6. 如果需要领导回电,领导回来后,就应该尽快回复。如果没时间,那么至少当天要回电。如果已经回电,但没打通,那么切记要再联系。秘书不能因为已经打过电话,并给对方留了言,就认为已经完成任务了。"做过某项工作"和"完成某项工作"是完全不同的两个概念。应该做到:要找的人已经找到,或已经接到回复电话,才能算是完成了任务。这往往需要秘书具有很好的记忆力,或者以系统的方式记录,直到完成任务为止。

7. 提醒领导准时打电话给上级或要人、忙人。如果领导让秘书与某重要人物联系,那么一定要向其秘书问清这时候打电话是否方便。

8. 与一位很忙的人开始长谈之前,应该问对方是否方便,然后言简意赅地把话说清,但也不能草率了事。

9. 不要在工作时间与打电话来的朋友闲聊。滥用电话是商业界的一个严重问题。有人打电话找你的领导,千万不能与之闲聊。

10. 通话中当需要对方等候时,应该说:"我去查看一下,请稍等好吗?"中途放下话筒时,应该轻放,但不要把话筒朝上放置,否则对方有可能听到办公室其他人的谈话。当秘书再拿起电话时,要向对方表示歉意或对对方的等候表示谢意。但如果需要较长时间才能弄清情况时,最好主动告诉对方自己稍晚会打电话过去或者留言。

11. 秘书代替领导传达不利消息时,无论这个消息有多么不舒服,还是必须立即行动。这种事情传达得越迟,必须知道此事的人就越感到棘手。传达时说话的声音要和蔼,富有同情心。

12. 秘书传达领导的信息要有分寸。因为如果秘书的语气不礼貌或不得体,那么其破坏力比把信息传达错误更大,且在电话中传递的信息比当面说话更容易产生误解。因此,为了使信息传达准确,秘书切忌把领导的话语加多或减少,或者以个人的口吻转达。

13. 打出电话而对方无人接听时,要等铃声响了六七声之后再挂电话。

14. 千万不要让打电话的人苦等,你却离开电话机很长时间,以致你回来时,对方已经挂上电话,留下了对你的不满。

15. 最后结束谈话。一般应该由上级、长辈、重要的客户等尊者先挂电话后,下级、晚辈等再轻轻放下话筒。

（四）筛选电话的方法与技巧

为了让领导集中精力和时间在重要的事情上，秘书的一个职责是替领导筛选电话，把不必由领导接触和知悉的电话挡在外，以免影响领导的情绪、干扰领导的工作。

1. 秘书说了迎接词后，在一两秒内辨别出对方，亲切地打一声招呼，不仅容易建立良好的人际关系，还可以对秘书本身的工作有所帮助。很多人打电话给领导都自称是朋友，秘书必须能确认对方是否是朋友，或者是哪一类的朋友，从而知道应对与接待的程度，不会把领导不愿意接听的电话接进来。

2. 除了分辨声音之外，秘书对名字的辨识一定要有相当的把握。有自报家门的电话接进来，须立即弄清楚，那就是同行业内的知名人士、公司业务上有密切来往的人物以及领导的私人密友。如果一接电话，马上就能叫出姓氏，称呼对方，就容易使对方产生好感，还能提高领导声望。

3. 来电者寻找你的领导，应该弄清对方的身份和来电目的，然后再通报领导。如果领导不愿意接此电话，就应该找个理由应付过去。如果领导不能马上来接，就应该告知对方。如果领导不在办公室，就应该请对方留言，秘书做好电话记录，让领导有选择性地回复。

4. 秘书对待投诉电话要有礼貌、有责任心。来电者的投诉只要是正当的，应该先安抚他，以友善的态度表达歉意，并且告知一定马上调查此事。让他在电话中尽情陈述，把他所说的要点写下来。

（五）特殊电话的处理技巧

秘书每天都会接到许多电话，或联系业务，或推销产品，或借贷募捐……有来自外界的，也有内部打来的；有认识的人打来的，也有陌生人打来的。面对众多的电话，秘书须迅速进行甄别、过滤、分流，作出判断，这非常讲究技巧，否则会使工作陷于被动之中。

1. 接听直接找上司的电话。接到直接找上司的电话时，切记要先问清楚对方的单位、姓名、身份等，然后根据具体情况处理。上司正在开会或会客时，对于那些须由上司直接处理的电话，可以根据实际情况，诚恳地告诉对方："×经理正在开会（或会客），预计四点钟结束，请您到时再打电话来，好吗？"（或："×经理一开完会，我马上转告他，好吗？"）如果上司在开重要的会议或接待重要的客人，这时一般是不便接电话的，为避免对方误会，可使用"善意的谎言"，比如："×经理现在不在这儿，方便让我转告他吗？""请您稍等一下，我马上去找找看。"然后把对方的单位、姓名、身份、事由等写在便条上，传给上司请他处理。

上司不在，或由于某些原因不愿意接听电话时，秘书就应一口回绝："×经理出去办事了，您有什么事可以让我转告他吗？"（或者说："方便留言的话，我可以转告他。"）如果对方仍固执纠缠，也应礼貌地拒绝："对不起，我还有急事要办。我见到他，会转告他的，好吗?"

上司正在处理一个电话，又一个电话进来，可以说："×先生，真不凑巧，×处长正在接电话，请问您有什么事吗?"如果确实有急事需要马上向上司请示或汇报，或者另一电话需要上司即刻接听时，秘书可把事情写在便条上放在上司面前，而不要直接口述或对上司耳语。

2. 接听推销电话。有时，秘书在办公室会接到一些推销商品的电话，而且三番五次打进，面对这种情况，秘书的态度一定要明确，说话不要过于婉转，而应"柔中带刚"，礼貌拒绝对方，可说"我正忙着呢，有空再给您回电话吧"或"谢谢您多次打来电话，不过我们刚刚进了一批办公用品，有机会我们再合作吧"，等等。

3. 接听打错的电话。接到打错的电话时，要有耐心，不能只说"打错了"便"咔嚓"一声挂断电话。应不失礼貌地说："您打错了，我这里是……"因为这也是宣传组织的好时机。

4. 接到投诉电话。投诉电话往往伴随着比较冲动的感情和激愤的言辞，这时，秘书不能针锋相对，而应心平气和、冷静耐心地听，等对方发完火后，再诚恳地向其解释原因或提出建议，如"您购买的产品出现了问题，可以直接找我们的维修中心维修，地址是××××，电话号码是×××××××。"或："我会把您反映的情况及时向上司汇报，有了结果，我将马上通知您。"或把电话直接转至有关业务部门。

5. 接听匿名电话。如果接到匿名打来反映单位或有关人员的负面情况的电话，要注意先不要明确表态，也不要听风便是雨，到处乱说，而应及时向有关负责人汇报。

有时，打电话的人不报姓名，也不说明打电话的意图，只坚持要找上司。这时，秘书仍应彬彬有礼，但要坚持不报姓名或不说明来意就不打扰上司的态度。可向对方说："很抱歉，先生，×经理此刻不在办公室。如果您不方便告诉我您是哪位和有什么事情，请您写封信，我会尽快交到×经理手上。"

6. 接听告急电话。若接到告急电话，或反映情况，或请求帮助，或请示解决的办法……这时，秘书应沉着、冷静、细心、果断、迅速地予以处理，尽快弄清楚发生的事情、在什么地方、什么人、严重程度等。如果情况紧急又是自己职权范围内的，要当机立断，马上提出防范措施或初步处理意见；如不能决定，应马上向上司请示，并协助有关部门即刻处理。

二、邮件的收发

（一）邮件的签收及处理程序

1. 签收邮件。秘书要仔细核对是否是本单位的邮件，认真清点件数，经清点检查无误后，在"投递回执单"或"送件簿"上签字，并注明收到的具体时间。

2. 分类。邮件签收后，要进行分类。一般是将私人邮件与公司邮件分开，办公室内部邮件与办公室外部邮件分开，把优先考虑的材料邮件放在一起。如果所在组织还有其他种类的邮件（如订单或收据等），应该使用一些分类工具，如分类架、分类盘。

3. 拆封。秘书应事先和上司协议可以拆封哪些邮件。拆封时，应使用开封刀，仔细检查物件是否全部取出。邮件上注明的附件必须核对清楚，并用环形针固定在邮件上，如果缺少附件须在邮件上注明。如果误拆了不该拆的文件应封好并注明"误拆"字样。

4. 建立登记簿。登记簿应包括收件日期、发件人、收件人、来件种类、处理日期等项目。

5. 分送。将不同收件人的邮件送达收件人。

6. 阅办。秘书阅看文件信函，重点部分应用红笔标出，内容复杂的长信应做摘要并提出拟办意见于信前。

（二）邮件的发送

1. 检查签字。重要邮件发出前应请上司签字。

2. 查对地址。要仔细核查发件人和收件人的地址和姓名。尤其是一次需发送多个邮件时，以免张冠李戴。

3. 查对邮件标记。要核查需标记的邮件，其标志是否准确。如邮件性质（私人、机密），邮寄方式（挂号信、特件）等。

4. 查对附件。邮件如果有附件，应检查邮件附件。

5. 装封。装封前要再次检查邮件是否已签字，是否所有附件已放进邮件中，地址与标签是否正确，上司进一步修改后是否需要加进原件或复印件等。

6. 登记。重要邮件在发出前要做好登记。

7. 寄发。目前寄发邮件的方式很多，秘书应根据单位的实际情况，选择一两家信誉好的快递公司。

三、现代通信联络事务

（一）传真

传真机的操作步骤如下：

1. 发送传真的准备工作。首先调整传真机的工作状态。传真机和电话机使用的是同一条电话线路，当开展传真业务时，若传真机后板上有"传真/电话"开关，必须将开关拨向"传真"的位置，然后检查原稿。一台传真机收到文件的质量很大程度上取决于发送的原文件质量，最好使用打印的或用黑墨水书写的原稿，并且使用白色或浅色的纸作为介质。

2. 试运行——复印。检查传真机能否正常工作时，常采用复印（COPY）方式。

因为传真机的复印过程实际上是自发自收的过程，若复印的文件图像正常，就表明机器的各种技术性能也基本正常。

3. 发送传真。发送传真的操作步骤如下：①检查机器是否处于"准备好"（READY）状态。②放置好发送原稿。③拨通对方电话号码，等待对方回答。④双方进行通话。⑤通话结束后，由收方先按启动键。⑥当听到收方的应答信号时，发方按启动键，文稿会自动进入传真机，开始发送文件。⑦挂上话机，等待发送结束。若发送出现差错，则会有出错信息显示，应重发；若传输成功，将会显示"成功发送"信息。

4. 接收传真。传真机的接收功能有自动接收和手动接收两种方式。①自动接收。只有当接收机处于"准备好"状态时才能接收。在接收前要检查接收机内是否有记录纸，各显示灯或液晶显示是否正常。②手动接收。在接到对方请求接收的信息后，按下控制面板上的接收键即可进行手动接收。

（二）电子邮件

电子邮件已经成为商业环境中最为重要的沟通方式之一。

1. 电子邮件的撰写及发送。

（1）邮件主题要明确。秘书在标题中可以用"行动""信息"或"请求"等字眼，概括希望收件人所采取的行动，同时用关键信息勾勒出邮件的主要内容，如"信息：2016 年 4 月 3 日与王经理的销售会议总结"。

（2）邮件内容要简短。尽量做到一封邮件只讲一个主旨。

（3）给收件人多种选择。针对需要收件人有所行动的邮件，尽量给出多种行动选择。例如，在向部门经理申报年度预算时，与其一句"请您审阅附件中的年度预算"，不如"请您审阅附件中的年度预算。如果您认为这份预算可行，请在系统中批复。如果有任何需要修改的地方，请随时打我电话或通过邮件提出您的疑问。假如您没有时间做详细的审阅，我是否可以占用您 10 分钟的时间当面向您解释预算的细节？如果您希望稍后审阅，请注意预算批复的截止日是本月 23 日。"这样，可以避免一封邮件来来回回商讨可能的方案，以减少双方的工作负担。

（4）善于运用附件。如果内容很多，最好用附件的形式。如果一封邮件中包含多个附件，需要为它们编号。

（5）发送前重读邮件。在点击发送前，把邮件重读、检查一遍。

2. 电子邮箱使用的注意问题。

（1）注意安全。电子邮箱的密码应定期更改，防止因密码泄露导致邮箱被破坏或信件内容被窃取。不要打开或运行来历不明的邮件及附件，以免遭受病毒邮件的侵害。

（2）定期整理收件箱。把邮件按照优先级、主题、日期、发件人及其他选项进行分类，需要下载保存的要及时下载保存，并及时删除没有价值的邮件。

第三节　领导日程管理

案例分析

一天，总经理告诉秘书小王，他要到某市去开会，让小王陪同一起去。小王问总经理坐什么车，总经理说坐火车，赶上开会就行，不用早了。

秘书小王看了看列车时间表，坐9点的高铁就正好，既不用起早又不用贪黑，小王正要买票，这个时候来了一个电话，她接完电话就去忙了，把买票这事忘了。等到总经理问她票买了没有，她才想起来没买票。小王抓紧上网订高铁票，结果想订的那个车次没有票了，只能订12点的票。由于订了12点的高铁票，到开会地点晚饭时间已经过了，会议组织方又现场给他们准备晚饭。虽然饭菜很好，但是秘书小王吃了两口就饱了。

分析：秘书只是耽误了一会儿时间买票，却给领导增加了不少麻烦。就这一个小细节，需要秘书小王好好反思自己的问题。

学习内容

领导日程安排是指秘书部门协同领导对下一阶段领导所要进行的工作，按照时间顺序作出合理的计划与安排，并通过自己的工作使计划得以顺利实施。

领导日程安排是秘书部门的一项重要工作，这项工作通常由秘书部门的负责人或有经验的秘书来承担。但在不同的单位，秘书在这一工作中所起的作用是不完全相同的。有的领导的活动日程完全由自己来安排，秘书只要将领导安排好的日程制成表格即可。有些领导的工作日程安排是在与秘书共同商量的过程中完成的。还有的领导只对自己的重要活动作出时间安排，而一般性的活动则由秘书决定。

秘书在领导活动日程安排中的作用不同，是由单位的性质和级别、领导的工作风格和个性特点、秘书的能力和资历、领导与秘书的关系等多种因素决定的。但不管面对什么样的领导，秘书至少应该起到两方面的作用：一是将已经确定的日程安排制成一目了然的活动日程表。二是根据日程表对已经确定的领导活动提供全面的服务，使领导的活动得以顺利进行。

一、安排领导日程的意义

对领导活动日程作出周到合理的安排，有非常重要的意义。

（一）有利于领导科学地利用时间，提高领导的工作效率

在市场竞争日益激烈、社会生活节奏日益加快的现代社会，大多数领导人的工作

是十分繁忙的，他们要批阅各种各样的文件，参加各种各样的会议，会见各种各样的人员，处理各种各样的业务，可谓千头万绪，无所不包。在许许多多繁杂的事务中，必有轻重缓急之分。有的工作是领导必须参加或亲自处理的，有的是在时间允许的条件下领导可以参加或亲自处理的。有的工作必须在确定的时间内处理完毕，有的则没有明显的时效性。为了抓住重点，管好大事，提高领导的工作效率，领导人本身的活动就必须有计划地进行。通过安排活动日程，可以通盘考虑哪些工作必须做，哪些工作不必亲自做或安排其他人员去做，哪些事情必须立即完成，哪些工作可以暂时放一放，等等。如果缺少必要的安排，就会出现"眉毛胡子一把抓""捡了芝麻丢了西瓜"的混乱无序、被动应付的局面。目前不少领导者成年累月被文山会海耗去大量精力，抽不出时间做重要的事情，其中一个原因就是对活动日程缺乏科学的统筹计划。

（二）有利于秘书部门主动做好各项辅助工作，更好地为领导工作服务

除了文书保管、档案管理等常规业务性工作以外，秘书部门的大多数工作都是直接为领导的决策和管理服务的，秘书工作必须紧紧围绕领导的工作来开展。领导的许多工作需要秘书部门提前收集信息、材料、联络通知，并做好各项准备。因此，秘书部门对于领导在下一阶段要进行的工作必须心中有数，才能把各项服务工作做在前面，为领导重要活动的顺利进行创造良好的条件。秘书通过协同领导安排下一阶段的活动日程，不但能够了解领导下一阶段的主要活动内容，而且在与领导共同确定日程的过程中，能够了解领导的目标意图和具体要求，从而根据领导工作的需要对秘书部门下一阶段的工作进行合理的安排。

（三）有利于各领导、各部门互相配合，协调行动，提高整个单位的工作效率

领导处于整个单位的核心地位，领导的活动一般都关系到整个单位工作的全局，有的活动必须党政系统密切配合，有的工作必须几位领导共同参加，有一些活动必须由有关部门配合。因此，安排领导日程绝不是某个领导个人的事，也不仅仅是领导和秘书部门的事，而是关系到单位工作全局的事。安排领导工作日程特别是重要活动时，必须与其他领导和有关部门进行联络，充分协商，有些重要活动的日程还要通过会议才能决定。因此，安排领导日程本身就是一个协调的过程，日程安排得合理，整个单位的工作才能比较协调一致地开展。

二、编制领导日程表的原则

（一）注重实效，不搞形式主义

领导的主要职责是决策和全局性的管理，领导的活动日程应该围绕这一中心来安排，而不能搞形式主义。凡是与本单位主要业务无关或关系不大的活动，领导应该尽量不参加、少参加。现在社会上许多活动都邀请领导人参加，诸如各种各样的开幕式、开业典礼、工程奠基、竣工仪式剪彩、题字、题词、宴会等活动，如果领导有请必到，

势必占用大量宝贵的时间和精力，从而影响单位的主要业务。

（二）注意张弛有度，劳逸结合

安排领导工作日程既要注意提高效率，把活动安排得紧凑有序，又要充分考虑到领导的时间、精力、年龄和身体状况，把活动安排得张弛相间，使领导得到必要的休息。即使是年富力强、精力旺盛的领导，也不宜长期超负荷工作。把脑力消耗大的工作和体力消耗大的工作穿插开来安排，也有利于领导保持旺盛的精力。

（三）要留有充分的机动时间

给领导安排活动日程时，不能把活动安排得过满，必须留下一定的机动时间由领导自己支配。日程表中记入的内容，大多是有严格时间要求的公务活动，例如会议、约见、出访、接待、出差事项等，而诸如批阅文件、与本单位人员的一般性谈话等，一般不记入日程表，由领导在机动时间自己处理。另外，留下一定的机动时间也便于对原定日程进行变更和调整。

（四）要充分尊重领导本人的意见

由于领导的资历不同、个性不同等原因，每个领导的工作风格和工作习惯也不同，他们对工作日程的安排可能会有各自不同的要求。秘书在协助领导安排日程时，既要积极主动发挥参谋助手作用，也要充分尊重领导本人的意见，任何日程安排都必须征得领导本人同意。领导根据工作需要可能会对原定的时间等提出改变的要求，这会给秘书工作增添一些麻烦，在这种情况下秘书不应该产生怨言。另外，秘书还要牢记，除非领导已有明确指示或授权，否则秘书不得在未经请示领导的情况下代领导接受或拒绝预约。

（五）要注意保守机密

领导的许多日程是带有一定的机密性的，例如某些讨论机密事项的会议的时间、地点，某些涉及商务秘密的谈判等。高级领导人的活动日程还关系到领导的安全问题。因此，对领导活动日程应该注意保密。领导工作日程表不宜贴在外人可以看到的地方，不能过多地复印散发，因为散发越多越容易泄密。有的秘书为了省事，将领导工作日程表复印许多份，分发给各职能部门和司机，这是很不利于保守机密的。实际上各职能部门只需要了解本部门应该参加或配合的活动安排就可以了，而司机则只需要知道领导在什么时间要用车就可以了。秘书可以提前将相关内容分别通知有关部门和司机，让他们做必要的准备。

三、编制领导日程表的方法

领导日程安排的结果，一般以日程表的形式确定下来。安排领导活动日程的过程，可以看作编制日程表的过程。日程表按照时间可以分为长期（一年或半年）、中期（一个季度或一个月）、短期（一周或一天），另有会议日程表、旅行日程表、调查研究日程表等专用的日程表。下面介绍年度、一个月、一周和一天的日程表。

（一）年度计划表

年度计划表是本单位在新的一年中重要活动的时间安排一览表，年度计划属于长期的日程安排，其内容宜粗不宜细，一般只列出在下一年涉及本单位全局或本单位主要业务的重大活动。年度计划表的作用是让领导和各部门的负责人一目了然地看出本单位在一年中重大的工作和活动，其中哪些与本部门有关，以便提前做好准备。领导人的其他临时性活动应该避开重大活动的时间，集中精力抓好主要工作。例如，根据年度计划，某公司于3月下旬召开公司职工代表大会，在大会召开期间和召开之前的一段时间，公司领导须将主要精力用于职工代表大会的筹备和召开，在此期间就不能参加过多的其他活动，如外出考察、应邀讲学等。

年度计划的制订并不难，因为一般单位在年终时，都会对下一年度的工作提出一个总体计划，并形成文件，这就是编制年度计划表的依据。秘书只要将工作计划中提到的主要活动根据领导的意见确定一个适当的时间，并按照月份和日期的顺序加以排列，就制成了年度计划表，报主管领导审阅后就可以复印分给其他领导和各部门负责人。

（二）月工作日程表

月工作日程表属于中期的日程安排，其内容较年度计划表要详细，一般应该将领导在一个月内需要参加的会议、会谈、调查研究、工作履行等重要活动以日为时间单位记入表中。

每月日程安排表在上个月的月底编制，秘书可以将年度计划中已经确定的当月活动和单位例行活动（例如定期召开的单位办公会议、例会等）先填入日程表相应日期，再送领导安排其他时间的活动。

（三）周工作日程表

周工作日程表属于短期的活动计划，其内容要求更加详细具体，除了要记入领导的重要活动或例行会议以外，凡是涉及其他人的已经约定的活动都要一一记入，在时间上要求尽可能精确，活动地点也要注明。

周工作日程表既是领导活动的具体实施计划，也是秘书部门提供相关服务的依据。秘书部门要根据日程表的内容，提前对领导的各项具体活动做好准备工作。如果领导要在星期四去总公司汇报工作，秘书就要提前一两天准备好领导需要的各种材料，并通知司机做好出车准备。如果领导要在星期五下午接待贵宾来访并设宴招待，秘书就要在这之前布置好接待室，并提前向酒店预订宴席。

每周的日程表应该在前一个周末前制订，秘书要先将当月日程表所定的本周重要活动和已经约定的工作内容填入，并请示领导是否需要变动，原来安排活动的其他时间是否有新的安排。经过领导审阅同意的周日程表，复印后给领导本人一份，留办公室一份，必要时还要送其他领导，但不宜分送到职能部门和司机。周工作日程表制订后，秘书要立即为日程表所列的各项活动做必要的准备，以保证领导的活动能按照计划顺利进行。

（四）每天工作日程表

每天的工作日程是领导一天的工作计划，其时间安排一般要精确到时、分。这种日程表应该尽可能详细、具体，例如几时要参加什么会议，几时要与某人谈话，几时要接待某人来访，什么时间可以安排集中批阅文件等。

每天工作日程表应该在前一天下班前制订，一般先由秘书将周日程表中原来安排的第二天的活动内容和已经预约的会见、出访等活动填写到日程表中，送领导本人过目，看是否需要调整或补充。由于是第二天就要进行的工作，许多活动的准备工作已经基本完成，因此领导一旦同意，一般不要再做变动。

第四节　印信管理

📝 **案例分析**

近日，安徽蚌埠警方破获了一起涉案金额达 14 亿元的银行诈骗案件。

山西运城的王某某是当地一家淀粉制品公司的负责人。2014 年 5 月，因为资金链紧张，急需用钱，王某某动起了歪脑筋。平日里王某某与银行从业人员往来密切，对行业规则和银行之间的联系比较了解，他想到了一个从银行套取资金的计划，并找到在当地一家银行任经理的段某帮忙。

尽管明知这是违法行为，在银行工作的段某还是给王某某提供了帮助，通过伪造专业材料和发布虚假贷款信息，王某某和同伙成功地从当地另外一家银行套现 4 亿元，牵线搭桥的段某也得到了丰厚的回报。

问题：段某犯了什么错误？

📝 **学习内容**

一、印章管理

印章是"印"和"章"的合称。从一般意义上说，"印"和"章"都是信物，只是由于使用者的不同而有不同的名称。在古代，帝王用的印章称为"玺"，官吏用的印章称为"印"，私人使用的印章则称为"私印"。就目前来说，各级各类国家机关、社会团体、企事业单位用的印章都称为"印"，领导人则用"章"。本节所说的"印章管理"是指机关、单位内公章的使用和管理。

秘书部门掌管的印章主要有三种：一是机关、单位印章；二是机关、单位领导人因工作需要而刻制的个人签名章；三是秘书部门的印章。

（一）印章的作用

1. 权威的象征。各级各类国家机关、社会团体、企事业单位都是依法按照一定程序成立的，因此都有特定的地位和管辖范围，在一定的层次和范围内具有权威性。印章是该组织履行职责和行使权力的标志，如人事调动、干部任免、办理文件等都必须用印章，才能产生组织效力和行政效力。领导人的名章，也不代表个人，而是代表其负有某种职权。因此，"印"和"章"是权威的象征，代表着一定的职能和权力。

2. 凭证作用。印章象征着组织的合法性、权威性，文书材料一经加盖印章，就代表着组织对其法定效力的确认和法定职权的施行，也意味着它必须承担法定义务和法律责任。因此，印章具有法定的凭证作用，加盖印章是一种法律行为。公务往来的文件，要取信于人，就必须加盖印章，否则就会失去其合法性和有效性。

3. 标志作用。一个组织，不管是在其管辖的范围内，还是在对外交往中，都必须有一个为人们所识记的独特标志，这个标志往往就是其独特的法定名称，而印章就是这个名称的"物化"形式。在开展工作的过程中，印章便明确地表明了某一组织的合法身份。

（二）印章的种类

1. 正式印章。正式印章也称公章，代表一个组织的正式署名。这类印章必须按照国家法定程序，由上级机关、主管部门正式颁发或同意刻制后使用，具有法定的权威性和凭证性。

2. 套印章。套印章是指按照正式印章的原样制版而成，在需要签印大批量文件时，以制版印刷的方式代替手工盖印。它与正式印章具有同等的法定效力。

3. 专用印章。专用印章是指各级各类组织为开展某一类专门性业务而使用的印章。这类印章在印文中除刊有组织的法定名称外，还刊有专门的用途，如"财务专用章"等，这类印章不代表整个组织，只代表组织下属某一专门部门的职权。

4. 钢印。钢印不用印色，只利用压力凹凸成形，一般用于证明性公文或证件，盖在证件与相片的交接处。

5. 个人名章。个人名章有领导人签名章（有的也叫领导人手章或名章）和个人名章两种。其基本作用都是以盖章代替手写签名。领导人签名章有三种：①按领导人亲笔书写的姓名字样刻制，无外框，多用于重要凭证的签字；②用楷书、隶书等字体刻制，有外框，一般为方形或长方形，多用于一般签字；③电子签名章，目前适应于OA办公系统。领导人签名章是为其行使职权而刻制的，它跟领导人的亲笔签字具有同样的效力，有些凭证须同时加盖公章和领导人签名章才有效，如学生毕业证书、外资企业使用的支票等。

6. 戳记。戳记是为标识特定信息而使用的印章，如保密章、急件章、注销章等。

（三）印章的式样

印章的式样由质料、形状、印文、图案、尺寸等组成。

1. 质料。在我国古代，帝王的"玺"使用的是珍贵玉质，象征其地位。官印则依品级高低分别用金、银、铜等金属铸成。近代公章用过角质、木质，现代则多用橡胶、塑料、钢材等刻制。电子印章是采用数字化技术制作的。

2. 形状。古代官印为正方形。现代党政机关、企事业单位和社会团体的正式印章则为正圆形；其他公务专用印章可视情况而自由选择，一般有正方形、长方形、三角形或椭圆形等。

3. 印文。正式印章的印文必须使用机关和单位的法定名称，如名称过长，可采用规范化简称。同时，印文还必须使用国务院公布的规范简化汉字，字体为宋体，自左而右环行排列。领导人签名章则由个人书写习惯而定。民族自治机关的公章可并刊汉字和通用的民族文字。

4. 图案。县及县以上政府机关、法院、检察院、驻外使馆等的正式印章的中央应刊有国徽，其他机关、企事业单位的正式印章中央则刊五角星图案；国务院的钢印、国务院有关部委外事用的火漆印中央刊国徽；其他单位的钢印中央刊五角星；党的各级机关印章刊有党徽。

5. 尺寸。按国务院规定：国务院正式印章的直径为 6cm；省、部级政府机关为 5cm；副部级、地、市、州、县级机关为 4.5cm；其他机关、部门、企事业单位以及驻外使领馆一律为 4.2cm。党的机关的正式印章尺寸规格一般与同级行政机关的正式印章相同。国务院的钢印，直径 4.2cm。其他单位使用的钢印，其直径不得超过 4.2cm、不得小于 3.5cm。其他印章和戳记的尺寸大小可由使用单位自行确定。

外资企业的公章多为圆形，也有的是椭圆形或方形。印文可用外文，也可中外文对照，外文在上方，中文在下方，自左向右横向。中文多用宋体和繁体字。也有的三资企业的公章上方刻外文，中间是一横线，横线下刻有"总经理"三个字，这种印章用印时必须同时兼有总经理的签名才有效。

（四）印章的管理

1. 印章的刻制。印章刻制是印章管理的首要环节，必须按照国家有关规定严格执行。按规定，凡机关单位的正式印章，一律不得私自刻制，只能经公安部门批准后到指定单位刻制，或由其上级主管机关负责制发。单位内部的专用章、负责人印章等可由单位出具证明，然后到指定的刻制部门刻制。

刻制印章时，须由本机关提出申请，报经上级主管领导机关审核批准。报批时，需将上级主管机关同意本组织成立的批文，按有关规定预先拟好的印章式样、尺寸、印文、图案等一并上报。批准后，到组织所在地的公安部门办理登记手续，再到公安部门指定的专门的刻章单位刻制。

正式印章刻制完毕后，刻制单位一律不得留存章样，也不能擅自先行使用正式印章。从刻制单位取来印章，应先检查印章的质量是否符合要求，有无被使用过的痕迹。如有问题，应责成刻制单位重新刻制；如发现印章有使用的痕迹，应立即报告当地公安部门备案。

2. 印章的颁发。由上级主管机关负责刻制的印章，刻制后，一般由下级单位派专人持本单位领导人签名的介绍信前往领取，也可以由上级主管机关派专人送到受印单位。领取时，颁、领双方应当面验章，并严格履行登记、交接等手续，然后由颁发机关将印章密封和加盖密封标志，再交给领取人，确保安全。领取人接回印章后，要及时向领导汇报，经领导验证后，根据领导的指示交给印章管理人员验收管理。

3. 印章的启用。印章启用时应当注意：应由制发或批准刻制机关先颁发启用通知，并附上印模。如由新印章取代旧印章，启用新印章后，旧印章同时作废；印章启用时，使用的组织应将印模和启用日期一并报上级机关备案，而且必须立卷归档，永久保存。在正式印章启用通知所规定的生效日之前，印章不得使用。

4. 印章的保管。印章应严格保管，要求做到：

（1）专人负责。印章的管理者就是用印者，秘书部门对于保管和使用印章的秘书必须严格审查和挑选，选择政治可靠、工作负责、坚持原则的秘书管理。管印人接到印章后应做好接印登记，内容主要包括印章名称、颁发印章单位、领取人姓名、收到日期、收到枚数、启用时间、主管领导签名、管印人签名等。

（2）妥善保管。按照保密要求，管印人不得委托他人代取代用印章，印章应存放在安全可靠的地方，最好是放在保险柜内，并且要养成随用随开锁，用完即上锁的习惯，以免印章被滥用盗用，造成不良后果。节假日必要时还要贴上封条。印章一旦发生异常情况，应保护好现场，立即报告，迅速查明情况，及时处理。必要时可请保卫、公安部门协助查处。管印人还要注意经常洗刷印章，保证图案和印文的清晰。

5. 印章的使用。

（1）用印批准手续。常规用印，管印人可在职责范围内盖章。非常规用印，需经分管领导或秘书长、办公室主任批准后方可盖章。若发现有不符合用章原则和手续的情况，管印人应报请主管领导批准，或暂缓用章，或拒绝用章。非法用印者，应根据情节予以行政处分直至法律惩处。

（2）监督用印。管印人对印章使用有监督权。用印前，必须对用印内容予以审阅，发现问题，应在纠正后或报请有关领导同意后再盖章。非经有机关领导批准，管印人不得在空白凭证上盖印，更不能"以印谋私"。套印有机关正式印章的文件时，管印人应在现场监印。

（3）执行用印登记制度。为了备查和更有效地发挥对用印的监督作用，应建立用印登记制度，除介绍信有存根外，一般用印应进行登记。

（4）盖好印章。盖印要讲究质量，印章要盖得端正、清晰，并且按规定位置盖印。一般来说，印章应盖在落款处，上要不压正文，下要骑年盖月。

此外，还有以下几种盖章方式：①骑缝章。带有存根的文件材料如介绍信等用印，除在规定处用印外，还应加盖"骑缝章"，以备查考。②正章。对文件中的文字错误修正后，应在改正处加盖更正章。③骑边章。对于需证明各页之间完整联系的材料，应将同一文件的每一页均匀错开，骑各页加盖公章。④密封章。秘密文件除在封套的正面加盖标明密级的保密章，封口处还应加盖密封章。⑤急件章。紧急文件要在封套加盖标明紧急程度的急件章。

加盖钢印时，应注意不得将钢印加盖在照片上人的头部或脸上，以免影响辨认效果。正确的位置应是脖子和衣领以下与证件交接部位。

6. 印章的停用。机关或单位如发生合并、撤销、名称更改或其他原因，原印章停止使用。印章停用后要做好以下工作：

（1）发文通知有关单位，说明停用的原因和停用时间，并附上印模，宣布原印章失效。及时将作废印章送交原制发机关处理，不得留存在单位。

（2）原制发印章的机关对作废印章应登记注销。除一些具有保存价值的印章须存档保管外，一般单位作废印章应及时报单位负责人批准后销毁。销毁的废旧印章要留下印模存档，以备查考。

二、信证管理

（一）介绍信的管理

1. 介绍信的含义及用途。介绍信是介绍被派遣人员的姓名、年龄、身份、接洽事项等情况的一种专用书信，具有介绍和证明双重作用。介绍信与用印紧密相连，因此在一般情况下，介绍信的开具由印章管理人员负责。作为单位介绍信的管理者应严格按照介绍信使用规定来开具介绍信。一旦介绍信保管和使用不当，会造成无法估量的损失。

2. 介绍信的使用程序。

（1）提出申请。需要单位介绍信者，应填写申请。

（2）领导审批。使用者向本单位的主管领导请示，履行签批手续。

（3）开具介绍信、盖章。秘书根据要求填写介绍信，在正本的日期处和存根骑缝处加盖公章。

（4）登记、保存介绍信存根。介绍信存根要妥善保管，重要的介绍信要归入档案，以备查考。存根至少保存3年，销毁介绍信存根，需经领导批准。

3. 介绍信管理的注意事项。

（1）介绍信要专人保管，安全存放。

（2）介绍信要填写有效时间，正本和存根须一致，存根要妥善保管。

（3）开出未使用的介绍信要及时收回。

（4）一般情况下不得开具空白介绍信。确因特殊情况需要开具的，需报请领导批准，并要求使用者在介绍信存根栏写明用途等相关内容。

（二）证明信的出具

证明信是机关、团体、企事业单位以及个人出具的，以证明某人身份、经历或某件事实真相为目的的专用书信。证明信的作用是确认某人的身份、经历或某事件的真相。

开具证明信要实事求是，证明信的使用与介绍信一样，要严格履行相关手续。证明信为多页的，应加盖骑缝章。

（三）凭证管理

凭证也是人们经常使用的一种证明材料，包括工作证、出入证、汽车通行证等，这些证件一般由秘书人员负责制发和管理，都需要经过加盖印章才能生效。

对于已经制好的各种凭证，要建立科学的分发和管理制度。对于已经发放的各项凭证，要建立登记制度，内容包括：凭证名称、印制份数、用途、分发对象、领取人等，以备查考。对于余下的各种凭证，要妥为保管，存放在保密的地方，并且定期检查，一旦发现问题，应及时采取相应措施。

第五节　保密工作

案例分析

某公司市场部秘书小王正在电脑前按照讨论修改后的文稿修改公司的投标书，来了三位外单位的未预约客人，小王放下手头的工作忙着接待、询问、联络和端茶后才回来接着操作电脑。

几天后开标，某公司奇怪地发现竞标成功的对手标书中所列的主要项目价格都比自己的价格低，而且都只低1~2个百分点。

问题：如果你是小王，你会怎么做？

学习内容

在当今竞争激烈的商业社会里，一些企业或个人会不择手段地从竞争对手处收集情报，例如高层人事变动、领导之间的关系、营销方案、产品成本、新产品研发等。秘书在日常工作中会经常看到、听到甚至直接参与处理这类机密，因此秘书往往是一些别有用心的人的重点关注对象。切实提高保密意识，做好保密工作，是对秘书人员的基本要求。

一、保密的含义

保密，是指知悉无形秘密或掌管有形秘密的人员保守、保护这些秘密，防止向无关人员泄露或失密。

保密工作概括地说，就是从组织的安全和利益出发，将秘密控制在一定的范围和时间内，防止被非法泄露和利用，使其自身价值得到充分、有效的实现，而采取的一切必要的手段和措施。

秘书保守的秘密主要有两大类：一是国家秘密，二是工作秘密。国家秘密，是关系国家的安全利益，依照法定程序确定，在一定时间内只限一定范围的人员知悉的事项。工作秘密，是在公务活动中产生的，不属于国家秘密而又不宜对外公开的秘密事项。

二、秘书保密工作的特点及意义

秘书工作是一项综合性很强的工作，内容包罗万象，多而繁杂，工作范围几乎涉及组织的各个方面。这就使得秘书成了离秘密最近的人，他们不仅知密的时间早、知密的范围广，而且知密深，是保密工作的直接参与者，介入了保密工作的全过程。这种特殊的工作性质和特殊的工作环境，决定了秘书的保密工作具有很强的政治性。秘书泄露秘密的危害是巨大的，不仅影响个人信誉及职业前途，而且会影响组织的内部和谐与外部发展，进而影响到组织的前途命运。

三、秘书保密工作的内容及要求

就一般的秘书部门而言，保密工作主要包括以下几个方面的内容：

（一）口头保密

秘书人员首先要管好自己的嘴，做到不该说的绝对不说。

1. 不在组织内部或外部谈论有关单位的保密信息，包括对同事、客户、朋友甚至亲属。

2. 在没有确认对方的身份之前，不向陌生人透露本单位应该保密的信息。

3. 只向来访者提供组织允许提供的信息，若超出范围，应向上级请示。

4. 遵照领导的指示传达相关信息。

（二）文件保密

1. 保密文件在印制前应按规定标明密级，确定发放范围；应由机要人员打印，专门印刷厂印制，校样等及时销毁。

2. 所有保密信息应归类在专用文件夹中，由专人保管。

3. 接收、传阅、复制保密文件要严格手续。传递保密文件时，要放在文件夹、盒中携带。

4. 通过邮电发送保密文件，应做秘密标记，高密级信息最好由工作人员亲自送交收件人。

5. 传真保密文件时，须使用具有保密功能的技术设备，并要求接收人等在传真机旁及时收取。

6. 不再需要的保密文件要及时销毁。

（三）电子信息保密

1. 电脑显示器应放置在他人看不到屏幕的地方，如果来访者走近，应迅速关闭页面、关小亮度或关闭显示器。

2. 打印保密材料要人不离机，复印保密材料要及时拿走原件。

3. 电脑要尽可能安装报警系统；使用密码来保护电脑数据，密码应定期更换。

4. 秘密信息的存储介质应标有密级标志，并进行统一登记编号及管理。

5. 电脑要经常查毒、杀毒，不要安装来历不明的程序。

6. 重要的文件要做备份，并存储在安全之处。

7. 所有涉密信息的传输设备，必须统一登记编号，统一保管；报废销毁时，按照相关程序处理。

（四）会议保密

1. 召开重要会议，会前须进行必要的保密安排。

2. 选择具有保密条件的会议场所及会议设备。

3. 限定参加会议人员的范围；对进入会场人员进行严格控制，验证入场。

4. 与会人员进入会场前要关闭手机，不得进行录音、录像、拍照等。

5. 会后及时清退保密文件，检查会场的保密措施，查看有无文件的遗失等。

6. 会议精神的传达要严格依据领导确定的传达范围进行；未经许可，不得泄露相关会议信息，不得随意扩散重要领导讲话资料。

（五）涉外保密

1. 有外国人在场的所有事项，均应注意内外有别。

2. 涉密单位不得擅自接待外国人参观访问。

3. 参加外事活动以及出国人员，未经主管批准不得携带秘密信息。

4. 凡有外国人常驻的单位，不得让外国人接触我方秘密信息或参加秘密会议，不得在外国人面前谈论秘密事项。

四、秘书泄密的原因

保密不仅是秘书的日常工作，更是秘书的职业道德。在现实生活中，秘书泄密的事时有发生，原因多种多样，有主观的，也有客观的。综合来看，秘书泄密的原因主要有以下方面：

（一）保密意识淡薄

一些秘书人员保密意识淡薄，对保密工作重视程度比较低。例如，领导在访问某用户时，就双方的合作提出了新的方式，对这种新的方式要不要保密呢？如果秘书认为这种方式在书刊上作过大量的介绍，没有什么保密的价值，因此，秘书在接待另一家老客户时，无意之中把这件事说了出来。说者无意，听者有心，这位老客户提前采取了行动，占据了市场的主动权。秘书给自己带来了无穷的后患。

（二）利益诱惑

一些秘书人员自身素质不高，受某种利益的驱使，可能会泄露工作秘密。

（三）保密制度和设施不齐全

一些单位保密制度不健全，例如对泄密事件的惩罚不够。也有一些单位保密设施不完备，例如计算机与互联网相连，没有实现真正的有效隔离。

（四）技术防范水平低

一些单位的保密技术跟不上时代的要求。例如现在互联网技术发展迅速，窃密措施多种多样，任何组织都要及时更新保密措施，以免窃密者有可乘之机。

📖 本章小结

日常事务工作就是秘书在日常的工作中要经常处理的事务。本章首先介绍了日常办公室管理，其次介绍了秘书如何联络通信，再次介绍了领导日程管理、印信工作以及保密工作。

📖 实践训练

一、实训目标

通过场景模拟，训练学生接听和拨打电话的能力。

二、实训内容

某公司正在洽谈一个项目，公司准备派人到洽谈项目单位进行实地考察，于是安排秘书小王给洽谈单位打电话，询问相关事宜，确定最终考察时间。

三、实训要求

1. 将班级的学生分成 3 组，按照实训内容的顺序，依次演练。

2. 学生演练完毕后，教师总结接打电话的要点，以及学生演练中的优点与不足之处。

📝 **课后作业**⌐

1. 接听电话的基本程序是什么？
2. 拨打电话的基本程序是什么？
3. 安排领导日程有哪些原则？
4. 做好保密工作要注意什么事项？

第 三 章

接待工作

学习目标

1. 熟悉接待的常用礼仪。
2. 掌握接待工作的基本程序。
3. 理解接待规格的确定原则与方法。
4. 熟悉接待计划的拟订。

第一节 商务礼仪接待

案例分析

一天上午，科研部办公室秘书小刘正忙着打印一份重要的研发报告，这是下午杨部长要向总经理汇报用的。她想集中精力赶紧把报告打完，谁知道，一会儿一个电话，叫她通知各项事务；一会儿来一个人，让她解决不同事情。小刘忙得焦头烂额。

正在刘秘书懊恼忙乱之际，忽然有人敲门，她心想：又是谁呀？但嘴里忙着说："请进。"推门而进的是一个四十几岁的中年男人。刘秘书见他进来，只好强打笑脸致意："您好！请问您有什么需要帮忙的?"来人说："我是泰达公司的洪金龙，想见你们杨部长，约好今天早上 10 点见面。"刘秘书看一眼墙上的钟，还差 10 分钟才到 10 点，就说："那您请坐会儿吧。"说完又低头忙碌起来。

紧接着，刘秘书又听到有人敲门，她头也没抬就高声说："请进!"这次推门而进的是科研部的常客，也是杨部长的老同学——市政府科技处的张处长。刘秘书马上热情地迎上去，说道："张部长您好！您是来找我们杨部长的吧？快请坐，我给您沏茶。"说完，手脚利索地沏好茶端给了张处长。张处长接过茶说："谢谢，今天有时间就直接过来了，想跟你们部长谈谈市里那个项目的事情。他今天上午没有别的事吧?"刘秘书忙说："部长上午没什么事，我这就带您过去。"说完，就要带张处长到杨部长的办公室。

49

这时，坐在旁边的客人生气了，大声说："你这个秘书懂不懂先来后到的道理？难道这就是你们公司的待客之道？我是小公司的人，不配受你这个大公司秘书的接待，既然我在你们公司是不受欢迎的人，那我就先告辞了。"说完，摔门而去。刘秘书一时愣住了，脸唰地一下红到耳根，张处长也尴尬地站在原地。

问题：刘秘书的接待工作中有哪些不当之处？

📝 **学习内容** ⌐

礼仪泛指人们在社会交往活动中形成并共同遵守的行为规范和准则，它是用于维护单位或个人的形象，对交往对象表示尊重与友好的行为规范和惯例。它是礼节和仪式的总称，具体表现为礼貌、礼节、仪表、仪式等。商务接待礼仪就是在商务接待活动中需要遵守的行为规范与准则。

一、称呼礼仪

日常交往中正确称呼别人是起码的交往礼仪。称呼，也叫称谓，是对亲属、朋友、同事或其他有关人员的称谓语。称呼的基本规范是表现尊敬、亲切和文雅，使双方心灵沟通，感情融洽，缩短彼此之间的距离。

（一）泛尊称

这种称呼几乎适合于所有社交场合，对男子一般称"先生"，对女子称"夫人""女士""小姐"。应注意的是，在称呼女子时，要根据其婚姻状况，已婚的女子称"夫人"，未婚的女子称"小姐"，对不知婚否和难以判断的，可以称之为"女士"。在一些国家，"阁下"一词也可以作为泛尊称使用。由于"小姐"一词现在有了特殊的含义，因此，尽量避免直接称呼女性为小姐，可以用"姓+小姐"的方法称呼对方，如王小姐。

泛尊称可以同姓名、姓氏和行业性称呼分别组合在一起，并在正式场合使用，比如，"杨庆华先生""李小姐""法官先生"等。

（二）职务称

在公务活动中，称呼对方的职务是最常用的一种称呼方法。职务性称呼常与姓氏、姓名或泛尊称组合在一起使用，例如，"王经理""李廷杰校长""部长先生"等。

（三）职衔职业称

交往对象拥有社会上受尊重的学位、学术性职称、专业技术职称、军衔的，可以"博士""教授""将军"等称呼相称。这些职衔性称呼还可以同姓名、姓氏和泛尊称分别组合在一起使用，例如，"李治平教授""吕博士""王将军"等。

对不同行业的人士，可以直接称呼对方的职业，如"老师""教练""警官""医生"等；也可以将这些职业称呼与姓氏、姓名分别组合在一起使用，如"王教练"

"李强医生"等。

二、握手礼仪

在商务礼仪中，常用的见面礼是握手。握手是日常交往的一般礼节，多用于见面时的问候与致意，也用于致谢与祝福。如果双方谈判成功，表示友好，也伸手相握。这是世界各国通行的礼节。握手虽是日常生活中司空见惯、看似平常的社交礼仪，但从握手中可以传递出许多信息。在轻轻一握之中，可以传达出热情的问候、真诚祝愿、殷切的期盼、由衷的感谢，也可以传达出虚情假意、敷衍应付、冷漠与轻视。所以，绝不能等闲视之。一个令人愉快的握手，感觉上是坚定、有力的，代表着这个人能够做决定，能够承担风险，更重要的是能够负责任。

（一）握手的方法

行握手礼时，通常距离受礼者约一步，两足立正，上身略向前倾，伸出右手，四指并拢，拇指张开与对方相握，微微抖动3~4次，然后与对方的手松开，恢复原状。与关系亲近者握手时可稍加力度和抖动次数，甚至双手热烈相握。

1. 握手必须用右手。如果恰好右手正在做事，一时抽不出来，或者手弄得很脏、很湿，应向对方说明，摊开手表示歉意，或立即洗干净手，与对方热情相握。如果戴着手套，则应取下后再与对方相握，否则都是不礼貌的。

2. 握手要热情。握手时双目要注视着对方的眼睛，微笑致意，并且口头问候。

3. 握手要注意力度。握手时，既不能有气无力，也不能握得太紧，甚至握痛了对方的手。握得太轻，或者只触到对方的手指尖，不握住整只手，对方会觉得你傲慢或缺乏诚意；握得太紧，对方则会感到你热情过火，不善掩饰内心的喜悦，或觉得你粗鲁、轻佻而不庄重，这些都是失礼的。

4. 握手应注意时间。握手时，既不宜轻轻一碰就放下，也不要久久握住不放。一般来说，表示欢迎或者告辞致意的话以后，即应放下，在普通情况下，与他人握手的时间不宜过短或过长。大体来讲，握手的全部时间应控制在3秒钟以内，握一两下即可。握手时手稍触即分，时间过短，好似在走过场，又像是对对方怀有戒意；而时间过长，尤其是拉住异性或初次见面者的手长久不放，则会被人误解。

（二）握手的顺序

社交活动中，由于握手代表了一定的情感态度，表示对对方的友好尊重，因此，按照什么顺序握手，这个问题就显得十分重要。

有很多人认为，在社交中，无论对方的性别和身份怎样，为了表达自己的真心实意，都应该先伸手与对方相握，其实这是一个误区。那么握手到底应该遵照怎样的顺序呢？

一般情况下，遵循"尊者先伸出手"的原则。职位高者、年长者、女性应该先伸出手，表示友好意愿；职位低者、年轻者、男性则马上伸出手来呼应。在商务活动中，不讲究性别、年龄，更在意职务的高低。同等职位时，主人先伸手欢迎客人。在年轻人之间的日常交际活动中，谁先伸手都没有关系。

三、介绍礼仪

所谓介绍，通常是指在人们初次相见时，经过自己主动沟通或者借助第三者的帮助，从而使原本不相识者彼此之间有所了解，相互结识。在商务交往中，恰当地为他人做介绍和介绍自己是很重要的，这是商务活动开始的标志，是建立关系的起点。成功的介绍会给整个商务活动创造一种融洽的气氛，并为进一步交谈做好铺垫。

（一）自我介绍

自我介绍是跨入社交圈、结交更多朋友的第一步。如何介绍自己，如何给他人留下深刻的印象，可以说是一门艺术，这与个人的气质、修养、思维和口才密不可分。学会自我介绍，可以树立自信、大方的个人形象。自我介绍往往能体现出一个人的胆量和气魄，也容易在社交中处于主动地位。自我介绍时要做到表达清晰、风趣、真实、流畅，尽量包含足够的有关自己的信息以及与接下来的谈话相关的内容。

商务活动中，进行自我介绍的主要内容包括姓名、单位、部门、职务或与正在进行的活动是什么关系等内容。如"你好，我叫杰瑞卡，宏达公司的销售部经理助理。"或"您好！我是孙浩，是北京向阳公司公关部经理，很高兴认识您（或很高兴再次和大家见面）。本次发布会由我负责，请多关照！""您好，我是新华社记者王强，久仰您的大名，非常想请教您几个问题。"

（二）为他人介绍

在工作中，经常需要在他人之间架起人际关系的桥梁。比如你是总经理秘书，带客户到总经理办公室，你就需要为他们进行介绍。

为他人介绍时，要讲究顺序，应该本着"让尊者优先了解对方的情况"原则来定。一般是把社会地位低者介绍给地位高者，把主人介绍给客人，把男性介绍给女性，把年轻人介绍给老年人，把未婚者介绍给已婚者，把和自己关系密切的一方介绍给另一方。在公务活动中，是优先以职位的高低来决定介绍顺序的，其次才会考虑性别和年龄等因素。一人与多人见面时，一般要先把一人介绍给多人，但是如果来者身份地位很高，即使一人，也应该先把其他人介绍给他。在涉外场合，介绍时应把中方人员介绍给外方人员，介绍人由接待人员或中方人员中身份最高者担任。若双方需要介绍的人都比较多，那么在介绍各自人员的时候，应以职位高低为顺序，首先介绍职位高者。介绍时应自然大方、热情、简单明了、不做作。

介绍者应熟悉双方的情况，可能的话应征求双方的意见，如"李总经理，是否愿意认识一下赵林先生？他是前锋制药有限公司的副总经理。"一般来说不必把职位很低的人介绍给身居高位的人。

四、名片礼仪

名片是一个人身份的象征，当前已成为人们社交活动的重要工具。因此，名片递送、接受、存放也要讲究社交礼仪。

（一）名片的递送

在社交场合，名片是自我介绍的简便方式，当与多人交换名片时，依照职位高低的顺序或由近及远依次进行。切勿跳跃式进行，以免给对方厚此薄彼之感。递送时应将名片正面朝向对方，双手奉上。眼睛应注视对方，面带微笑，并大方地说："这是我的名片，请多多关照。"名片的递送应在介绍之后，在尚未弄清对方身份时不应急于递送名片，更不要把名片像传单一般随便散发。

（二）名片的接受

接受名片时应起身，接过名片时应说谢谢，接过名片一定要看一遍，绝对不要连一眼都不看就收起来，可将对方的姓名、职衔念出声来，并抬头看看对方的脸，使对方产生一种受重视的满足感。遇有不懂的字，应礼貌地向对方请教："对不起，请问您的尊姓大名应该怎么念才对？"并跟对方复述一次。然后，回敬一张本人的名片，如身上未带名片，应向对方表示歉意。

（三）名片的存放

接过别人的名片不可随意摆弄，可放在桌上或放进名片夹中。若放在桌上时，不要在它上面压东西，否则被认为不恭。秘书处在接待的前沿，收到的名片日积月累，会越来越多，为了方便日后的查找，提高工作效率，应不时抽空整理好名片。

五、方位礼仪

方位礼仪是礼仪的一个重要部分。简言之，即由方向位置的不同，体现出不同的礼仪。方位的前后、左右，中间与两侧，均体现了主次关系、礼宾次序。秘书在做接待、会务餐饮等工作时，不可忽略方位礼仪。

（一）中间与左右礼仪

在国际上，遵循"中间为尊，右高左低，近高远低"的原则。三人行走或就座，都应该请长辈、上级在中间，晚辈、下级在两侧。现在我国政府机关、事业单位以及国有企业等大部分单位在会议中遵循"以左为尊"的原则安排座位。在涉外活动中，则遵循国际商务通用的"以右为尊"的礼仪。

1. 行走。在需要并排行走时，让职位高的人、客人等走在职位低的人、主人等的右侧。例如，秘书和上司一起走，就要让上司走在秘书的右侧。主人与客人一起行走，要让客人走在右侧。如果三人以上（最好不要超过三人，特别是在街道上或狭窄的地方，以免妨碍他人）行走，应让位尊者走在中间以表示尊重。

2. 一般的座次。一般来说，越靠中间的座位越好。如果请客人观看演出，就要请主宾和主人坐在中间，而把最靠两边的座位留给主人一方的其他人去坐。

在许多人并排而坐的时候，主人应该请客人坐在他的右边。我们看电视里的新闻时，经常看到我国领导人接见外国来宾的镜头，座位安排就是让外宾坐在东道主的右侧。除此之外，男女两性交往时为了表示对女性的尊重，男性应让女性坐在右侧；年轻人与年长者谈话时，应让年长者坐于右侧；未婚者让已婚者坐于右侧。

3. 谈判座次。举行谈话时，座次的安排也遵循这一原则。有两种不同的方法：一是谈判桌顺着门摆，即把桌子窄的一头对着门，假设有一人进门后，面对谈判桌而站，那么他的右手边的座位为上座，是客人的，他的左手一边的座位就是主人一方的。如果谈判桌是横放于室内的，那么正对门的一侧的座位是上座，是客人的，背对门的一侧的座位是主人的。谈判双方安排自己一方的座次时，依然遵循"以右为尊"的礼节，即主谈人右侧的位置比左侧高。

4. 主席台座次。在举行会议时，会议主席台上的座次排列也是要讲求"以右为尊"的。主席坐于中间，其右侧的座位高于左侧的座位。发言人所用的讲台也位于主席台的右侧。但在我国各级会议中，一般是"以左为尊"，即最高领导居中，二号领导在其左手位置，三号领导在其右手位置。

5. 宴请座次。在排列宴请的桌次、座次时，仍是"以右为尊"的。宴会厅里如果有两张圆桌，面对正门、右边的一桌为主桌。在排列具体的座次时，以面对正门的座位为主位，由主人坐。主宾一般应坐在主人的右侧，其他位次以距离主人越近越高，同等距离右侧高于左侧。

（二）前后礼仪

在前后位置方面，遵循"前高后低"的原则。晚辈、下级为了表示对长辈、上级的尊敬，一般不并肩而行，先请长辈、上级前行，自己后半步随行，即使主客之间，在进门、上车、上楼梯时也礼貌地请客人先行。但并不是在所有的情况下在前面的就是受尊重的，还要具体情况具体分析。

1. 行走。走在前面的人往往是职位高者、年长者，特别是在各种典礼、仪式上。如果遇到人多拥挤之处，随从人员就要走在前面开路。秘书或接待人员在引领客人时，走在客人的侧前方，约一步半的距离。

2. 上下楼梯。上楼梯时要让客人、尊长、上司、女性走在前面，下楼梯时则要让他们走在后面，这样方便照顾位尊者。

3. 乘坐电梯。乘坐电梯时，如果有电梯工帮助操作按钮，则让客人、尊长、上司、女性先上或先下；如果需自己操作按钮，则主人、年轻人、下级、男性先上，按住开门钮，请客人、长者、上级、女性进来；下电梯时，职位低者等应按住看门钮或以手挡在门边，请职位高者等先下。

4. 进出房门。进出房门时，一般来说应该请客人、尊长等先进先出，如果门是关着的，应该为他们推开或拉开并关门。如果进出房门时，遇到与自己进入方向相反者，应当礼让，一般是欲进门者让出门者，即先出后入。如果看到对方是客人、尊长、女士，则让对方先行，可不遵前例。

5. 座位排列。在人数较多的会议或典礼上，座位需要多行排列，位尊者、正式出席者排在前排，职位低者、列席者排在后面。在国际交往中，对座次的排列应按国际惯例进行。

另外，在商务活动中，乘车座位的位次高低是考虑了安全、方便、舒适等诸因素后而定的。秘书陪同坐车时要特别注意以下情况：①小轿车。如果是由专职司机驾车，座位的位次由高到低依次排列为：后右、后左、后中、副驾驶；如果小轿车由主人亲自驾驶的话，座位的位次由高到低依次排列为：副驾驶、后右、后左、后中。后排座位比前排好是因为后排比较安全，并且在汽车靠右行驶的国家，从右边上下是最方便的。所以人们认为后排右座为最尊位置。通例，在汽车靠左边行驶的地方，后排左座才是最尊之位。②多排客车。以靠右、靠前为尊。靠近过道的座位容易受打扰，靠后面的座位又比较颠簸。

综上所述，国际通行的方位礼仪是遵循"以右为尊""以前为尊""中间为尊"的基本原则。后两者与我国传统及现行的方位礼仪是一致的，而第一种"以右为尊"与我国传统上遵循的"以左为尊"的方位是不同的。即便是现在，有些单位在安排座次或行走时，仍按照"以左为尊"的原则处理，这一礼节最为明显地保留在我国主席台的座次排列上，即职位最高者坐于正中，职位其次者坐于其左侧，职位再次者坐于其右侧，依此类推。针对上述问题，很多礼仪专家建议，秘书在工作时可根据到会人员情况灵活处理。如果现场人员全是中方人员，主席台座位安排可按"以左为尊"的原则安排。如果现场人员有外方人员，则一切宜按国际惯例即"以右为尊"的原则安排。

第二节　接待的准备工作

案例分析

一次，A 公司召开座谈会，邀请 B 公司参加，B 公司到会人数为 15 人。为方便工作、密切 A 公司与 B 公司的关系，A 公司决定，会议结束后共进晚餐。

负责这次接待工作的秘书小张接到任务后，慌慌张张来到宴会现场安排。谁知道，忙中有错，小张拟写宴席座位方案时，漏写了应编在主桌的 B 公司冯副经理。入席时，站在旁边的秘书小张突然看到冯副经理在找座位，不由得心里一惊，头上直冒冷汗。

问题：如果你是秘书小张，你应该怎么办？从中应该吸取什么教训？

学习内容

秘书人员热情、礼貌、耐心、细致的接待能使客人有宾至如归的感觉，从而留下美好的印象。来访客人则由此感觉到单位认真严谨的工作作风和蓬勃向上的精神风貌，因此在无形当中提高了本组织的知名度和美誉度，扩大了组织的影响。反之，如果秘书的态度冷漠、举止粗鲁，那么来访的客人就会认为这个单位整体水平太差而对单位失去好感。

秘书要做好接待工作，前期的准备是非常重要的，它是做好接待工作的前提条件。秘书应该从接待工作的环境、物质与心理三个方面进行准备。

一、接待工作的环境准备

公司的前台、会客室、办公室是展示工作形象的窗口，秘书应当使这些地方保持清洁明亮、整齐美观，让来访者一进门就能感受到这里工作的规范有序。同时，办公室内部工作人员之间也应该热情大方地相互配合，给来访者留下良好的印象。

办公室、会客室的环境一般可分为硬环境和软环境。

（一）硬环境

硬环境包括办公室、会客室的空气、光线、颜色、办公室设备及会客室的布置等外在客观条件。

1. 绿化环境。办公室、会客室内的绿化是相当重要的，应该适当地摆放一些花卉或绿色植物。室外环境应该力求做到草坪花木相映生辉，绿意盎然，富有生机和活力。

2. 空气环境。空气环境包括空气的温度、湿度、流通和味道四个因素，它的好坏对人的行为和心理有着很大的影响。因此应该在室内安装通风设备和空调，做好空气的调节，并且经常打开门窗透气，保持空气清新。同时，也可以适当喷一些气味淡雅的空气清新剂。

3. 光线环境。室内要有适当的照明，以自然光源为主、人造光源为辅。光线切勿过强，以免刺激眼睛；但光线也不应过弱，太暗会引起人的视觉疲劳或造成心情压抑。

4. 声音环境。室内保持肃静、安宁，这样才会使客人心情舒畅，同时也能使秘书集中精力做好接待工作，有助于工作效率的提高。反之办公室嘈杂，会使人心烦意乱。

5. 办公室布置。办公室、文件柜、复印机等大件物品要摆放合理，书报、文件、文具等物质要归类摆放整齐。墙上可以挂日历、公司徽标等，也可以挂市场网络图和宣传照片等。

（二）软环境

软环境是指办公室的工作气氛、接待人员的个人素养等在接待过程中体现出来的人文环境。主要有两个方面：

1. 组织文化环境。这是组织存在和发展的灵魂，同时也是接待过程中最能感动客人，给客人留下深刻印象的东西。例如，科学合理的规章制度、紧张有序的工作秩序，和谐融洽的人际关系等。办公室良好的工作氛围能让客人感受到这是个团结、有凝聚力的团队，从而对组织留下良好的印象。

2. 接待礼仪环境。包括接待人员接待的条件、礼仪、素养、接待过程的安排等。

二、接待工作的物质准备

接待工作所需要的物质分为必备用品和辅助用品两种。

（一）必备用品的准备

必备用品是所有的接待工作都需要用到的物品，主要包括办公设备、茶具等。

1. 办公设备。会谈室一般要有桌椅、沙发、茶几等，桌椅等要摆放整齐，桌面清洁，没有水渍、污渍。

2. 茶水与茶具。饮水机、茶具、茶叶、饮料要准备齐全。一般客人可以用一次性纸杯，重要的客人要用正规茶具。

3. 文具用品。例如会见客人记录时用的笔和纸等。

4. 书报架。为了使来访者轻松度过等待的时间，还应该放置书报架，摆放一些书报杂志、单位介绍等材料。

（二）辅助用品的准备

辅助用品是指在部分接待工作中使用的物品，主要有接待用车、标志等。

1. 接待用车。例如迎送客人用的大小轿车。

2. 接待标志。例如接待现场的欢迎标语和指示牌，接待人员的统一服装和证件等。

3. 接待设备。例如会见大型代表团使用的扩音器，部分会谈需要的电脑、复印机、传真机、摄像机等。

4. 接待礼品。部分接待工作需要赠送礼品，尤其是一些涉外的接待工作。

三、接待工作的心理准备

秘书应该具备良好的待客心理，其核心就是要求秘书时时处处有强烈的"角色意识""服务意识"，体现出一个"诚"字，即秘书应该站在对方的立场上，将心比心，以诚相待。具体表现在待人接物上应该热情开朗、温柔有礼、和蔼可亲、举止大方，这样有助于赢得对方的好感，缩短彼此的心理距离。秘书如果遇到不愉快的事而心情不佳，也绝不能把个人的情绪带到工作中来，更不应该发泄到来访者的身上，否则来访者就可能根据秘书的这种态度来推测领导的态度。那种"门难进、脸难看、话难听、事难办"的"衙门作风"很令人反感。

无论来访的客人是预约的还是未预约的，是易于沟通的还是脾气急躁的，都要让对方感到自己是受到欢迎的、得到重视的。当人很多或难于应对的时候，不能因客人发火或急躁而有失礼节，仍要有礼有序地处理，要沉着冷静、态度友善、耐心解释。

第三节　日常接待工作的基本程序

📝 案例分析

一天上午，张秘书正在打印公司的销售计划，这时，来了一位不速之客。"李总在吗？"客人问。

"预约了吗？"张秘书张口就问，姿势没有任何改变，双眼仍盯着计算机显示屏。

"约什么约！我要找你们李总谈谈！"客人说。

小张朝客人瞟了一眼，觉得有点眼熟，但是想不起是谁，说："你等一下。"说完起身走向斜对面会客室找李总，将客人一个人留下。在会客室里，小张告诉李总，有人找他，小张说："有一点眼熟，好像是来讨债的。"李总不愿意见，小张顺便请示了如何处理销售计划中几个敏感数据的问题。

几分钟后，张秘书回到办公室对客人说："李总不在，你回去吧。"客人表示不信，接着双方产生了激烈的争吵。

半个月后，销售部向李总反映，本公司销售机会泄露，部分客户的业务被别的公司抢走。

问题：小张的秘书接待工作中，有哪些失误？

📝 学习内容

任何来访的客人，都不应该绕开前台或有关秘书而直接去找被访者。前台、秘书的责任之一，就是要甄别客人，起到"过滤""分流"的作用，让预约好的或有接待必要的客人及时得到接待，而把没有必要接待的客人客气地挡在门外，不要让客人直接见到上司或其他人，以免影响工作。

迎客、接待、送客是接待工作的三个基本环节，秘书应该遵循热情周到、礼仪大方、勤俭节约、安全保密的原则，接待每一位来访者，做到亲切迎客、热情待客、礼貌送客。根据客人是否预约可以将客人分为预约来访者、未预约来访者，对二者的接待方法大同小异。

一、预约来访者的接待程序

（一）亲切迎客

1. 以良好的公司形象迎候来访者。接待人员见到客人的第一时间，应该马上作出如下的动作与表情，我们简称为"3S"服务，即 Stand up "站起来"、See "注视对方"、Smile "微笑"。

最初的迎客语言可以是："您好""您好，欢迎光临！""您好，我能为您做些什么？"等亲切的话语。

当来访者走近时，以站立的姿态面带微笑主动问候。不同的公司有不同的接待来访者的方法。在大公司里，所有的来访者都要先到服务台或接待室，那里有专门的接待员负责初步的接待，并通知秘书客人来访（秘书最好在每天早上给接待员一份当天来访者的名单）。秘书在向领导确认后，按照领导的指示将客人带至领导办公室或会客室。如果是小公司，秘书的办公桌在办公室门口或在比较显眼的位置，来访者进来后，秘书要主动打招呼。秘书不要首先主动伸手去和客人握手。但是如果客人首先做出了握手的表示，秘书必须与其握手。

2. 了解来访者约定见面的目的或人员。一般而言，秘书人员在向客人问候后，客人会主动告诉秘书他所要拜访的人是谁、有什么事情。

3. 通知被访者。接待人员通常要有一份公司内部的电话本，如实记录单位内有关人员的姓名以及他们所在的部门、科室。这样就可以方便使用内部电话与员工保持联系，同时电话本应该根据号码的变化及时更新。

如果客人如约来访，但领导没有按约定的时间返回公司，秘书就要代领导向客人诚恳地致歉，请其稍等，奉上茶水，并马上与领导联系。如果等待的时间较长，秘书就要告诉来访者大概要等多少时间，让其作出决定：是继续等还是改日再来。如果需要更改会面时间，那么应该先征求来访者方便的时间，以便配合领导的时间表，等领导回来后，再决定预约时间。留下客人的联系方式，及时与客人联系见面时间。

4. 被访者不能马上接待。如果来访者比约定的时间来得早，或被访者正在忙，没有时间马上接待，那么应该请来访者入座，款待饮料，递送书报资料以排遣时间。客人等待期间秘书要及时为其续水，让客人知道秘书一直在关注他的事。

5. 发放宾客卡。按照单位要求给来访者发放宾客卡，并提醒来访者离开时返还宾客卡。

（二）热情待客

1. 引导。正确引导来访者至他们要去的部门或者按照单位要求安排工作人员陪同前去。引导人员用手示意方向，自己走在客人右前方两三步并以侧转约130°向着客人的角度走，再配合客人走路的速度向前引导。在走道上，中间的位置是上位。

秘书在为来访者引路时，必须注意自己的眼睛、口、肩、手等的动作、姿势，手指并拢，拇指弯向掌边，掌心朝上，以腰部以上的高度指示着方向来引路。乘电梯时，若有电梯工，则请客人先进电梯；无电梯工时，则秘书先进后下，并按住"开门键"以免客人被门夹住。

"细微处见真诚"，客人往往从接待他的细节中对你评定印象分。如果在某个细节你做得欠妥当，就可能会让客人感到不舒服。但如果某个细节，你表现极佳，那么客人会感受到照顾与尊重。所以秘书在引导客人时需要特别注意文件收拾、与客交谈、开门礼仪、衣物挂放、引座礼仪等细节。

（1）文件收拾。引导前，接待人员应该将办公桌上的文件收拾好，重要的文件必须锁起来，以防他人翻阅泄密。

（2）提示。引导客人前去与领导见面，应该提示："李经理正在会议室恭候各位"或"我们现在前去李经理的办公室"，以便让对方在思想上有所准备。

（3）同行。与客人同行时，通常走在客人的右前方，配合客人的步伐，保持适当的距离（1米左右），并不时左侧回身调整步伐，应答提问，招呼来客。

（4）与客交谈。引导途中，接待人员可以视客人熟识程度与客人进行寒暄交谈，以示友好。

（5）示意走向。在走道上，遇交叉或转弯，要伸出右手向客人示意走向，并说："这边请"。

（6）乘电梯。乘电梯前，需向客人说明，"在×楼"。注意电梯门开合的时间，别让电梯夹到客人。

（7）开门礼仪。来到会客室或领导办公室等会客场所前，接待人员应该停住脚步，转身面向来宾，说声"就是这里"，并开门引导来宾进屋。如果是拉门（朝外开的门），接待人员应该站在走廊里按住门，等客人进入后再进入。如果是推门（朝内开的门），接待人员应该先入内，把住门边，然后请客人入内。

（8）衣物挂放。进入室内后，客人如果有外套、帽子、雨伞等物，征得客人的同意后，接待人员可以取过并挂放于衣帽架或明显处，并且向客人说明："×先生，您的外套挂在这里。"

（9）引座礼仪。进屋后，根据客人的身份，将其引至合适的座位，或由领导安排座位。如果领导未到，那么接待人员可以对客人说："请坐，经理马上到，请稍等"。一般来说，室内离门口远的座位是上座。

2. 招待。引导人员将客人引导至领导办公室或会客室后，如果需要介绍，秘书应该注意遵循"让尊者先了解对方的原则"进行介绍。待客人坐下与上司寒暄时，秘书可以先征求客人的意愿，再献上茶水或饮料。退出后，将门轻轻关上。上司在会客时，有事需要通知上司的，应该用纸条，不要直接趴在上司耳边窃窃私语。

茶是风靡世界的三大无酒精饮料之一，在我国被誉为"国饮"，自古以来就有文人七件宝——"琴棋书画诗酒茶"和"茶通六艺"之说。以茶待客，以茶会友，是至高的礼仪。秘书在接待中给客人奉茶时，需要注意的事项如下：

（1）秘书待客人坐下，在客人与上司还在寒暄时就应该立即上茶，不要等寒暄过后进入正题再奉茶，以免打扰主客双方的谈话。上茶时，应该将托盘放置在桌子或茶几上，双手端出托盘上的茶杯放到客人面前。

（2）可以用袋泡茶，也可以用上好的茶叶。我国较有名的茶叶有绿茶（西湖龙井、洞庭碧螺春、黄山毛峰、庐山云雾、六安瓜片、信阳毛尖等）、红茶（祁门功夫、正山小种、金骏眉等）、乌龙茶（武夷岩茶、安溪铁观音等）、花茶（茉莉花茶、玫瑰花茶等）。招待客人时，一般冬季用红茶，夏季用绿茶，春秋用花茶为宜。

（3）一般客人可以用一次性茶杯，重要的客人应该用有盖和杯把儿的瓷茶杯。茶具必须无破损、无污垢，并要洗干净、擦亮、消毒。

（4）泡茶时，茶水不宜过浓，也不宜过满，一般以七成为宜，民间自古有"茶七酒八"的礼仪要求。

（5）要注意客人杯子中的茶水残留量：如果已经喝去一半，就要添加开水，随喝随添，使茶水浓度基本保持前后一致；如果过淡，就应该换上新茶叶。

如果客人是外宾，或者在炎炎夏日，那么可以征求来客的意愿送上可乐或咖啡等饮料。

（三）礼貌送客

出迎三步，身送七步，是迎送宾客的最基本的礼仪。如果客人提出告辞，那么秘书应该等客人起身后站起来相送。切忌没等客人起身，自己先于客人起立相送，这是很不礼貌的。若客人提出告辞，秘书仍端坐在办公桌前，一边说"再见"一边手中还忙着自己的事，甚至顾不上看客人一眼，则更是不礼貌的行为。

1. 和上司一起送客时，要比上司稍后一步。但在需要开门或按电梯时，秘书要紧走几步先去开门或按电梯按钮。

2. 如果客人先伸出手意欲握手，那么秘书可以边与之握手边说"请走好""再见""欢迎下次再来"等。即使再忙，也不能忽略这个细节。

3. 主动为客人取衣帽等物，并扫视一下桌面，看是否有东西遗忘。为客人开门，如果客人有重物，那么秘书应该帮客人提，但客人的公文包和随身小包，不要抢着代拿。

4. 如果是重要的客人，那么秘书应该将客人送到大门口或轿车旁，不要急于返回，应挥手致意，等客人离开以后再返回。需要时可以协助来访者预订出租车。

二、未预约来访者的接待程序

针对不同的未预约者，秘书要能迅速甄别，并给予适当的接待与分流。

（一）接待未预约来访者的基本工作程序

1. 面带微笑主动问候来访者。

2. 当了解到对方与被访者没有预约时，仍以欢迎的态度礼貌友好地接待，为其服务。

3. 联系有关部门或人员，看被访者或其他人员是否能接见来访者。

4. 如果被访者当天可以接见，就按照接待预约客人的工作程序进行。

5. 如果当天确实不能找到适当的人与来访者见面，就要立即向来访者说明情况，切忌让客人产生"等一等还有希望"的误解，以免浪费双方时间，使自己更被动。并且秘书应主动请来访者留言，并向其保证尽快将留言或预约递交给被访者。

6. 如果被访者虽有时间，但不想接见来访者，秘书可以视情况而定，是直接告诉来访者不能接见的原因，还是以被访者没有时间接见或不在公司等为借口，以免客人不悦。

（二）特殊未预约来访者的接待方法

1. 固执任性的来访者。有些来访者不听任何解释，胡搅蛮缠执意要见领导，甚至出言不逊，此时秘书也应该毫不妥协（但要注意礼貌）地反复进行解释，并建议对方留言或写信给领导，领导看到后会做相应的处理。

2. 进行威胁的来访者。如果来访者对秘书进行威胁，那么秘书可以悄悄告诉领导或单位保安部门，千万不要与蛮横无理、可能带来危险的来访者发生直接冲突。

3. 情绪激动的来访者。有时候来访者由于各种原因情绪激动，秘书一定要保持冷静，平缓地与其进行交谈，切勿与对方发生冲突。

第四节　重要宾客与来访团体的接待

案例分析

琳达是唐龙投资（中国）公司总经理的秘书。按昨天下午下班之前定好的日程安排，总经理今上午 9：30 到 10：15 与河北大地公司的刘总会谈；10：30 到 11：30 与青岛海洋公司的李总会谈。10：15，青岛海洋公司的李总如约而至，琳达请李总在会客室稍等，自己以给客人加水的名义来到总经理办公室，向总经理暗示另外的客人已到。可总经理对琳达的暗示一点反应也没有，还是从足球到汽车，前五百年后八百年地与刘总聊天，似乎完全忘了另有约会。到了 10：40，见青岛海洋公司的李总等得有些不耐烦了，琳达只好又一次来到总经理办公室，她递给了总经理一张纸条：

A. "总经理，李总已到。你已经超过 30 分钟了！"

B. "总经理，李总已到。我怎么向他解释？"

C. "总经理，李总已到。你去接待李总吧，刘总我来接待。"

D. "总经理，李总已到。李总已经等得有些不耐烦了，我怎么答复人家？"

E. "总经理，李总已到。还让李总等多久？"

问题：请从上面五个选项中选出你认为合适的，并说明理由。

学习内容

企业重要宾客或团体接待工作，与秘书的日常接待相比较，更加重要与复杂。秘书人员必须根据来访者的身份，确定接待的规格。接待规格过高，影响领导的正常工作；接待规格过低，影响双方的关系。所以确定接待的规格时，应该在全面地考虑后制订详细的接待计划，做好相应的部署。

一、接待规格的确定

（一）接待规格的种类

接待规格是以陪同领导的角度而言的。接待规格决定了其他人员、日程安排及经费开支，以及谁到机场、车站迎接、送别，谁全程陪同，宴请的规格、地点，住宿的宾馆等级、房间标准等。

接待规格的最终决定权在领导手中，秘书仅提供参考意见。当接待规格定下来以后，秘书应当把我方主要陪同人员的姓名、身份以及日程安排和行程告知对方，征求对方意见，取得对方认可。接待规格有三种：高规格接待、对等规格接待、低规格接待。

1. 高规格接待。主方主要陪同人员比主要来宾的职位级别高的接待，就是高规格接待。例如一公司副总经理接待上级单位派来了解情况的工作人员或接待一位重要客户的部门经理。高规格接待表明对被接待一方的重视和友好。

2. 对等规格接待。主方的主要陪同人员与主要来宾的职位、级别相当的接待，就是对等规格接待。这是最常用的接待规格。

3. 低规格接待。主方的主要陪同人员比主要来宾的职位、级别低的接待，就是低规格接待。这种接待规格常用于基层单位，比如上级领导到下属企业视察，下属企业的最高领导的职位也不会高于上级领导，这就属于低规格接待。

（二）接待规格的确定

在一般的公务活动中，采用最多的是对等规格接待。有时为了某些需要，可以根据具体情况调整接待规格。这就要求秘书首先要了解客人的身份，并且向领导请示或建议由谁来出面接待最合适。影响到接待规格的因素主要有以下几点：

1. 来访者的身份。一般来讲，主方接待人员的身份应当同来访人员身份相当，或略高于对方。如果无法做到对等规格接待，就应该提前告知对方，并致以歉意，询问是否统一安排其他职位稍低的人员接待。

2. 双方的关系和礼仪。双方的关系和访问事项所涉及的礼仪，是决定由谁出面会见的重要依据。双方关系密切且事关重大或主方非常希望发展与对方的关系时，可以派出身份较高的领导人出面会见，即高规格接待。反之，也可以低规格接待对方。

3. 对方的会见要求。有时对方会主动提出会见某领导人的要求。如果无特别原因，就应该尽量满足对方的要求。如果不能满足对方的求见要求，应当做好解释工作。

4. 一些突然的变化会影响到既定的接待规格，例如上司生病或临时出差，只得让他人代替。遇到这类情况，必须提前向客人解释清楚并道歉。

5. 对以前接待过的客人，接待规格最好参照上一次的标准。

二、接待计划的制订

接待来访者特别是接待中国宾客或来访团体的第一项工作，就是拟定一个接待方案，也就是通常所说的接待工作计划。接待工作计划一要有针对性，即针对来访人员的具体目的和任务；二要切实可行，即应该符合当时具体的主客观条件。

（一）接待方案

接待方案是接待计划的具体体现。接待方案一般包括接待所涉及的人员、时间、地点、活动安排以及经费预算等。

（二）具体接待事宜的准备

秘书要拟订出切实可行的接待计划，就必须熟悉接待工作的具体事项。在计划制订后，必须将计划的每一项工作具体化，这样才能切实完成接待计划。

1. 了解来宾的基本情况。来宾的基本情况包括其所在国籍、具体单位、此行目的、来访天数、一行人数、到达日期和地点，以及每个成员的姓名、性别、年龄、职务、级别、民族、宗教信仰、风俗习惯、健康状态等。

2. 拟订接待初步意见。将客方基本情况报告领导，并根据客方意图和己方安排拟订接待计划及日程安排的初步意见，一并报请领导批示。如果是涉外接待，应当会同外事部门共同拟订接待计划，并报请有关领导部门审批。

3. 确定接待人员名单。接待人员包括负责接待活动的工作人员与陪同人员。根据来宾的工作任务，事先拟订出各个活动项目的工作人员和陪同人员名单，报请领导批准后，立即通知有关人员不要外出，并做好各方面的准备工作。要坚持陪同人员"少而精"的原则，尽量降低接待成本，并尽量不影响本单位的日常工作的正常进行。

4. 确定活动日程表。秘书应该将拟订好的接待日程安排表交领导确认后，与对方相关的人员确认，双方商讨定稿。定稿后交相关单位、相关部门及相关人员做相应的准备。来宾到达后，如果有必要也可以将日程安排印发给所有来宾，让每个人都做到心中有数，从而积极配合，提高整个接待工作的效率。

5. 安排工作用车。根据实际工作需要和来宾需要，安排好整个接待期间的工作用车。每次外出要认真检查车况、路况，确保交通安全。

6. 安排接站及返程票的预定。根据来宾身份、抵离日期、地点，安排有关领导和工作人员到车站、机场、码头迎送。迎客时应该提前15分钟到达，可以事先准备好

"接站牌"。如有需要，可帮来宾预订、预购返程车票、机票或船票。

7. 安排好来宾住宿。根据来宾身份和具体要求，协助具体接待部门安排好住宿。可以在宾馆、酒店预订标间或套房，并且要特别注意来宾住地的防灾、防盗和安全保卫工作。

8. 安排领导拜访来宾。选择合适的时机，按照大体对等的礼仪原则，安排有关领导到来宾下榻的酒店看望客人，进行礼节性拜访。要事先安排好陪同人员，听取来宾对接待工作的意见和建议，回来后认真落实。注意拜访时间不宜过长，控制在20~45分钟，不宜过多占用来宾的休息时间；时间也不宜过短，以免产生"走形式"之嫌，让人感觉缺乏诚意。

9. 安排餐饮及宴请。根据单位规定的标准及来宾的饮食习惯，安排好来宾的饮食。要特别注意不同民族的饮食禁忌，确保食品卫生安全。根据有关规定和工作需要，可以在恰当的时候安排宴请，涉外接待一般都应当安排宴请。要根据主宾身份，安排主方有关领导人出面宴请。应该事先确定宴请标准并依据主宾的饮食习惯选择宴请形式，可以是中餐，也可以是西餐。最好事先征求客方的意见。在宴请的时间安排上要注意避开不同民族、不同国家、不同宗教的禁忌。

10. 安排会谈、参观等事宜。根据来宾工作任务安排好会见会谈、参观考察等事宜。要充分做好准备工作并提供现场全程服务。比如做好会谈室布置、座次安排、茶水、纸笔、产品、样品、陈列、讲解、现场操作表演、有关情况的书面材料等各项准备工作。

11. 安排观光旅游。根据来宾意愿和实际情况，安排风景区和名胜古迹的游览活动，注意交通安全，避免意外伤害事件的发生。

12. 安排文化娱乐及体育活动。在条件许可的情况下，为来宾安排一些文化娱乐活动，例如电影、地方戏、歌舞剧、舞会、卡拉OK、书画活动等。注意活动内容既要丰富多彩、有吸引力，又要健康向上，有利于陶冶情操。可以根据来宾的生活习惯和要求，适当安排一些体育活动。要事先通知有关体育场（馆）做好场地、器材等的准备，并安排陪同人员。要注意避免运动量过大的体育项目，保护来宾的身体健康，并做好安全防范工作，避免意外伤害。一般可以选择保龄球、室内游泳、台球、乒乓球、高尔夫球等活动项目。

13. 安排新闻报道工作。如果来宾有重要身份或活动具有重要意义，特别是重要的外事活动，那么应该通知有关新闻媒体派人进行采访、报道，负责介绍情况、安排采访对象谈话等，并受领导委托对稿件进行审核、把关。

14. 互赠纪念品或合影留念。根据工作需要可以与来宾互赠礼品或纪念品，也可以合影留念。应该根据来宾的风俗习惯选择礼品或纪念品，特别要注意避开不同民族、不同国家、不同宗教的禁忌。

15. 做好接待经费结算。在客人临走前，应该按照规定做好接待经费结算，做到账目清楚、手续齐备，以免日后处理产生矛盾。

16. 安排送行事宜。来宾离去时，应该安排有关领导或工作人员为客人送行。可以提前去客人下榻的宾馆、饭店送行，也可以去车站、机场、码头等地为客人送行。若是外宾，有时还要举行饯行宴会。也有宾客出面举行答谢、告别宴会的。不论是哪种宴会，主人都应该提供良好的服务。要注意的是，送客与迎客同等重要，应该善始善终，切忌虎头蛇尾，这样才能给客人留下良好的印象，为今后的进一步合作打下良好的基础。

（三）制作接待日程安排表

根据接待规格、接待形式等制定出合理可行的接待日程是非常重要的。秘书制定出接待日程后，要先请领导过目。如果领导认可，则可以将日程表通过传真或电子邮件的方式发给对方。如果对方有修改意见，则可以再协商修改直至定稿。日程表定稿后要再发给对方确认，同时，让对方有所准备。为了让本公司的有关人员都准确地知道自己在此接待活动中的任务，提前安排好自己的时间，保证接待工作顺利进行，可以将日程标印发给有关人员。

（四）制作接待工作筹备表

接待工作筹备表是在接待日程表的基础上，结合接待工作的要求，将工作细化，并落实到具体负责人。一般而言，重要宾客的接待及团体宾客的接待，都需要制作接待筹备表。在整个筹备过程中，接待筹备表经过领导审核通过后，要在负责领导的主持下至少召开一次协调会，明确分工与责任。秘书起着全程跟踪与协调的作用，对每次跟踪的结果都要做好记录，表格设计可以用 A4 版面横向排列，这样各项内容可以填列得更加详细。

📝 **本章小结**

接待是秘书工作的一项重要内容。包括日常接待、重要宾客和团体宾客的接待。秘书在接待工作中要做到亲切迎客、热情待客、礼貌送客。秘书在接待时，不仅要坚持热情周到、礼貌大方、勤俭节约、安全保密的原则，还要能够随机应变、灵活机动地处理一切接待事务。对于各种接待工作，秘书都要做好相应的接待准备工作，熟悉接待工作的基本程序，确定接待规格，做好接待工作计划。

📝 **实践训练**

训练一

一、实训目标

通过训练让学生了解日常接待事务的基本程序与注意事项。

二、实训内容

5 月 15 日天麓集团广州分公司王总经理给秘书小李安排了一项接待任务：6 月 18 日，英国瑞地公司副总经理 TOM 先生来公司洽谈相关业务。请演练整个接待过程，包含前期准备、招待、送行等。

三、实训要求

1. 教师将班级人员分组，约 10 人为一组。小组可以根据所给的材料，适当地增加角色与情节。教师考核侧重于接待程序与礼仪。

2. 有秘书实训室的学校可以在实训室里进行训练。如果没有实训室也可以在教室里，小组成员根据情节布置场地进行模拟演练。

训练二

一、实训目标

通过训练让学生了解和掌握团体接待工作，制订接待计划。

二、实训内容

天麓集团总公司李总一行 4 人，于 5 月 20 日 10 点来天麓广州分公司检查工作，为期两天，22 日上午 10 点返回北京。请从分公司的角度演示整个接待过程。

三、实训要求

1. 小组可以根据所给的材料，适当地增加角色与情节。

2. 小组要制作成套的接待材料，例如，接待工作安排、接待日程、接待计划等。

3. 教师根据学生的演示，总结团体接待需要注意的事项。将学生的演示情况与上交的材料结合，综合打分，计入学生的平时成绩。

课后作业

1. 接待的准备工作有哪些？
2. 请简要叙述预约来访者的接待程序。
3. 请简要叙述未预约来访者的接待程序。
4. 请简要叙述接待规格的种类，并举例。
5. 一般而言，重要宾客和团体宾客接待工作的流程是什么？

第 四 章

沟通与协调工作

📖 **学习目标**

1. 了解沟通与协调的意义。
2. 理解造成沟通障碍的因素。
3. 掌握基本的沟通与协调方法。

第一节　沟通概述

📖 **案例分析**

　　要开年度总结会了，对今年的工作进行总结。还有不到一周的时间，为了会议的顺利召开，秘书处的全部人马都集中到会议室，研究讨论会议的有关文件。首先讨论的是秘书处李处长给局长写的年度总结报告。李处长不愧是局里的第一支笔，报告写得洋洋洒洒，声情并茂，令人振奋。

　　但在征求意见的过程中，秘书小周直截了当地提出了自己的看法，他认为李处长的报告中有多处统计数据不准确，原因在于李处长采用的统计方法不正确，应该加权处理的数据没有进行加权处理。而李处长认为他采用的这些数据都是下属各个单位报上来的数据，进行简单的加减就可以，无须进行其他处理。可是，周秘书自恃自己是统计学专业的，是科班出身，坚持认为李处长的数据处理不当，惹得李处长很不高兴，脸越拉越长，说了一声："大家先休息一下"，就端着茶杯出去了。

　　趁休息期间，秘书处的老秘书张大姐过来和蔼地提醒周秘书说："小周，要注意一下提意见的方式，当着这么多人的面，用这么肯定的语气说李处长错了，他会是什么感受？如果我是李处长，我会觉得你就跟直接骂我'无知'一样。所以，即使你的意见是对的，也应该注意说话的方式。"周秘书马上辩白："我没有别的意思，只是实话实说，我这个人生来就是这样的性格，有什么说什么，不会假装，不会拐弯抹角。我认为做人要正直坦白。"

话音未落，张大姐严肃地说："为人正直和注意说话方式是两个不同的问题。为人正直，是指不撒谎、不欺骗，是个人道德品质问题；而说话方式是技巧问题，是个人工作方式方法的问题，两者不能混为一谈。请你记住，对于我们这些职业秘书来说，用什么方式说话，永远比说些什么更重要！"

问题：你认为周秘书的沟通方式正确吗？

学习内容

现代社会是开放交流的，我们不仅要把自己的思想、情感和信息传递给别人，而且要解读他人的思想、情感和信息。这种沟通是我们在工作中取得成功和在生活中获得满足的一个不可或缺的途径。

对一个组织而言，有效的沟通是组织作出正确决策的必要前提；是协调好组织内部各种关系，使组织成为一个整体的凝聚剂；是领导职能得以履行的基本途径；是改善组织内部人际关系的重要条件；也是组织与外部环境建立联系的桥梁。

一、沟通的概念和种类

（一）沟通的概念

沟通是一种信息传递和交流的过程。它不仅包括公务信息的传递和交流，也包括个人情感、思想和观点的交流。

秘书沟通工作的任务，就是要在公务活动中有意识地运用各种方法和技巧，促进人与人、人与组织之间的有效沟通，以达到提高公务活动效率的目的。一个信息虽然被传递出去了，但没有被对方接受和理解，就是一次无效的沟通，而不是有效的沟通。例如，当经理向秘书布置一项任务时，秘书却由于注意力分散，表面上看似在听从安排，其实根本没有完整记录下来经理所讲的要点。这就意味着有效的沟通没有发生。

（二）沟通的种类

沟通贯穿于秘书工作的各个环节，以沟通的方式、方向、渠道和是否存在反馈等为依据，可以将沟通分为不同的种类。

1. 按照沟通方式分类，可分为：

（1）口头沟通。通过口头表达的方式进行信息传递的沟通。例如交谈、讨论、会议、演讲、电话或走访联系等。

（2）书面沟通。通过书面形式，以文字为媒介进行信息传递的沟通。包括文件、信件、便条、简报、书面汇报、备忘录等。

（3）非语言沟通。通过口头语言和书面语言之外的非语言符号进行信息传递的沟通形式。例如语调、手势、表情、肢体动作、信号等。

（4）电子沟通。通过运用各种电子设备进行信息传递的沟通。例如计算机网络、闭路电视、传真机等。这些电子设备将信息通过声音、图像、文字或相结合的形式传播，有利于提高沟通的效率。

2. 按照组织内部信息沟通的方向分类，可分为：

（1）上行沟通。指下级向上级传递的信息，是由下至上的沟通方式。例如下级向上级反映情况、提出建议、汇报工作等。上行沟通是领导了解基本情况和员工思想状态的有效渠道。只有上行沟通渠道顺畅了，领导者才能准确地掌握基层工作的真实情况，体察员工困难和需求，明确工作中存在问题的症结所在，才能想出有针对性的对策，从而不断地改善各项工作。

（2）下行沟通。指上级将信息传达给下级，是由上至下的沟通方式。例如通常的表现是上级发布命令、指示、规章、政策、规定等。下行沟通顺畅可以帮助下级明确工作任务、目标、程序以及具体要求，便于下级开展工作。

（3）平行沟通。指组织中处于同一层面的人员或职能部门之间的信息传递和交流的沟通方式。平行沟通顺畅能为组织内部各职能部门或员工之间构建一个信息交流的平台，有利于加强联系，促进协作与团结，减少矛盾和摩擦，改善人际关系。

（4）斜向沟通。指没有直接隶属关系的上下级单位和人员之间的信息沟通方式。斜向沟通有利于加快没有隶属关系的上下级部门、人员之间、组织内部与外部之间的信息交流，为组织创造良好的内外部环境。

3. 按照信息沟通的渠道分类，可分为：

（1）正式沟通。指的是通过单位的明文规定的渠道进行信息的传递和交流。例如，上级向下级布置工作任务、专门的会议传达、正式文件、通知等。正式沟通的优点是沟通效果好，有较强的约束力；缺点是刻板，缺乏灵活性，传播速度慢。

（2）非正式沟通。指的是在非工作场合或时间进行的正式沟通渠道之外的信息传递和交流。例如领导者在食堂吃饭时与同桌的员工交谈，职工之间私下交换意见等。非正式沟通的优点是沟通方便，内容广泛，传播速度快；缺点是随意性强，信息扭曲和失真的可能性大，容易传播流言、混淆视听。

4. 按照信息沟通是否存在反馈分类，可分为：

（1）单向沟通。指没有反馈的信息传递的沟通方式，发送者单方面向接受者传递信息。例如总经理在公司的年度总结大会上的发言，就属于单向沟通。单向沟通缺乏民主，易使接受方产生抵触情绪。

（2）双向沟通。指有反馈的信息传递的沟通方式，发送者与接收者能够就信息进行双向交流。双向沟通有助于增进彼此的了解，加深情感并建立良好的人际关系。

二、有效沟通的条件与原则

所谓有效的沟通，就是信息的发出者通过合适的途径、方式和方法等，让信息的接收者完全理解他所发出的信息。

（一）有效沟通的条件

有效沟通在人们的工作中、同家人朋友的交往中以及日常生活的方方面面，都扮演着极其重要的角色，但是沟通并不总是有效的，无效的沟通成为人们在工作中取得成功和生活中获得满足的障碍。

一次有效的沟通必须满足三个条件：①表达者所发出的信息应该准确而完整；②信息在传递的过程中没有损失；③接受者必须真正理解接收到的信息。

（二）有效沟通的原则

1. 一致性原则。沟通计划的实施，必须与本组织的发展目标相一致，必须使沟通更好地为组织发展服务，促进组织发展目标的实现。

2. 针对性原则。沟通的内容要考虑到对接受者的意义和价值，一般人仅对与自己相关的信息或能给自己带来价值的信息感兴趣。例如，和一个 5 岁的孩子谈论股市的涨跌，他肯定不会有兴趣。

3. 明确性原则。沟通要以简明的语言进行，所用的词汇对沟通者和接受者都代表同一含义。复杂的内容要采用列出标题或分类的方法，使其简单明确。信息传递所经过的中间环节越多，就越应该简单明确。

4. 持续性原则。沟通是一个没有终点的过程，为了达到有效的目的，有时需要重复，但在重复中要不断补充新的内容。这一过程应该持续地坚持下去，直到取得预期的沟通效果。

5. 渠道恰当性原则。大多数的沟通都会涉及各种各样的沟通对象，所以沟通者需要通过大量不同的渠道来实现目标。例如，可以与同事通过谈话进行沟通，与其他部门通过会议进行沟通，给上司写一封建议信进行沟通，通过 E-mail 与朋友进行沟通，或者通过筹备一次对外公关活动与外界沟通，等等。一些重要的商务沟通要求使用不同沟通渠道相互协作，以便达到有效的沟通目的。

三、影响沟通的障碍因素

（一）信息发送方面的障碍

1. 表达能力不够。有效沟通的一个最基本条件是信息发送者要有较强的口头表达能力、书面表达能力、逻辑表达能力。如果发送者不能清晰地发出自己所要表达的信息，势必造成信息在发送时就存在着不完整性或扭曲性。很难想象一份逻辑混乱、语言不通的书面报告能够让人了解它所要表达的真实想法；一个含混不清、语无伦次的发言，无法让人明白发言者的意图。由此可知，如果信息的发送者不能准确地组织语言和文字，就不可能成功地把要表达的信息传递出去，这样在沟通的第一个环节就出现了问题。

2. 知识经验缺乏。任何人都无法很好地传递和接收自己不知道的东西。人们的个性及知识经验具有很大的差异性，如果信息的发送者在某些问题上掌握的知识或所拥有的经验有限，就有可能影响所传递的信息质量。如果信息发送者与信息接收者之间有共同的经历和经验，就比较容易实现沟通的目标。

3. 发送者被信任程度不够。沟通中人们经常会发现，在沟通方式、沟通内容及沟通对象相同的情况下，信息发送者不同可能会收到不同的效果，这说明人对信息发送者的信任程度会影响沟通效果。如果信息的发送者是一个被信任、被尊重或被敬仰的人，那么信息的沟通会顺畅得多。相反，如果信息的发送者是一个没有威信、人品差或不受人信任的人，那么接收者势必会对发送者的信息持怀疑态度，沟通的效果就会大打折扣。

（二）信息传递渠道的障碍

1. 信息传递环节过多。信息在传递过程中，所经过的环节越多，信息的损耗越大，信息失真、曲解、丢失的可能性也相应地增大。所以如果组织结构设置不合理，存在过多的层次，信息传递的环节必然增多，对信息的有效流通造成了障碍。

2. 沟通的方式选择不当。沟通所使用的方式也会对沟通的效果产生影响。例如对一些重要事情的传递，采用"口头沟通"方式，接收者可能没有听清或会忘记，或者认为其是不是很重要的事情。

3. 外界环境的干扰。环境的干扰也会对沟通过程中信息的传递造成阻碍。例如沟通时周围的噪声或通讯信号的突然中断、第三者的干扰，都会影响信息的传递效果。

（三）信息接收者的障碍

1. 理解能力不够。这是与信息发送者的表达能力相对应的，发送者发送的信息无论怎样完整、清楚，如果接收者受自身理解能力的限制而不能够正确理解，那么必然无法进行有效的沟通。

2. 信息量太大。过量的信息会使接收者无所适从，不知哪些信息是最重要的。过多的或无用的垃圾信息，必然会分散接收者的精力，导致一些重要的信息被忽略。

3. 认识上的障碍。由于人与人之间的认识水平、看问题的角度不同，所以对同一件事情容易作出不同的理解和评价。例如在平时生活中常见的一词多义，也是造成认识障碍的一个原因。

4. 情绪的影响。情绪对信息沟通的影响也是十分明显的。例如接收者在情绪低落时可能会对与人沟通持抵触态度。在情绪过度兴奋时，则可能会头脑发昏。这两种情况下的沟通，都会因为接收者的非理性思维，而可能歪曲理解对方的意图，进而形成沟通的障碍。同样，接收者与自己喜欢的人沟通，往往会比较顺利，反之，则可能会出现沟通障碍。

四、沟通的方法

(一) 提高表达的能力

表达能力包括口头表达能力和书面表达能力，提高表达能力就是提高"说"和"写"的能力。提高"说"的能力，首先必须明确自己想要表达的是什么，而且使表达的信息能够引起听众的兴趣。秘书锻炼"说"的能力，可以通过参加演讲等方式，学习和借鉴表达能力强的人的交谈技巧，甚至将书上看来的笑话，用自己的语言重新组织讲给同事听，也是一种"说"的能力的锻炼。

提高"写"的能力，就必须多实践，多写东西，练习使用最简洁的语言，表达最准确的思想。只有通过长期不懈的锻炼，才能提高书面语言表达能力。

(二) 积极倾听，做好记录

认真倾听对方讲话，正确理解讲话内容，是沟通的重要环节。很多的无效沟通就是因为不注意倾听造成的。将听取的内容，条理清晰地用文字记录下来，是有效沟通的基本要求。

(三) 有效的提问

在沟通过程中，选择适当的时机进行恰如其分的提问，有利于沟通者与接收者之间深入的思想交换，提高沟通的有效性。

信息接收者提问可以是为了证实自己的理解正确与否，可以是为了就自己不清晰的问题进行询问，也可以是为了提出意见和建议，还可以是为了控制谈话方向、制止别人滔滔不绝的谈话。

(四) 注重非语言沟通

根据有关研究，在面对面的沟通中，有65%的信息是通过非语言形式传递的。如果能够准确地把握并有意识地运用语调、手势、表情、肢体动作等非语言信息进行沟通，那么必然会起到减少信息损耗、提高沟通效率的作用。

(五) 运用反馈手段

在很多情况下，沟通之所以不能顺利进行，就是因为缺乏反馈而产生的不必要的曲解、误解而造成的。没有反馈，发送者无法知道接收者接受了多少正确的信息。

发送者可以通过直接或间接的发问，来确认接收者是否完全了解信息，以便及时调整陈述方式。例如，发送者可以问："你明白我的意思吗?"或"你能为我提供更多关于这件事的情况吗?"等等。

反馈不一定完全是语言形式的表述。也可以从对方的动作、表情等方面看出。有时这种无意识的反馈更加可靠。例如，你正在做大会发言，而听众们窃窃私语，注意力不集中，说明你的发言没有引起听众的兴趣，你需要转移话题或改变谈话的方式，以便引起听众的注意。

（六）把握好沟通的时机

沟通的时间、地点、方式都会对沟通的效果产生重要影响。

在时间方面，如果接收者正处于情绪低落的状态或手头有紧要工作需要完成，一般信息不会引起他的注意，这时沟通效果就会很差。例如，上司因为家中有人生病住院，秘书此时向他汇报工作，他可能会表示知道了，实际上他记住了多少就很难说了。

沟通的场所不同，沟通的效果也会有很大的不同。例如上司对下属工作中的失误进行批评，如果选择在上司的办公室私下交谈，即使语言较为严厉，下属一般也能接受。如果上司当着大家的面批评下属，就会损伤下属的自尊心，甚至下属可能当众顶撞，沟通的效果就会很差。

信息的沟通还要注意选择合适的方式，有的事情适合以公开的方式或正式的渠道传递，有的则适合单独的方式或非正式渠道沟通。有的事情适合在办公室场所沟通，有的事情则适合在非办公室场所沟通。

第二节　协调工作概述

案例分析

关厂长四十有五，在工作上严格要求是出了名的，谁要在工作上打马虎眼，他粗大的嗓门会叫人受不了。然而，如果下级有个病痛，他忙到半夜也要亲自探望。

小陈是厂里新来的秘书，在她之前，已经有3个人因为关厂长的坏脾气而离开。小陈听说了别人对关厂长的看法，虽然大家都劝她不去为好，但她倒想去见识见识这个关厂长。上班的第一天，一切完全是规范化的。第一次见到关厂长，关厂长很礼貌地接待了小陈，交代了一些工作之后，关厂长便急着去忙事情了。关厂长留给小陈的第一印象还算不错。几天后，关厂长通知小陈随他去与外商洽谈技术合作项目，早上9∶30出发，同行的有总工和外请的翻译。小陈在技术科时就知道了这个项目，方案也是她在总工指导下制定的。还不到8∶00的时候，她就到技术科准备一些资料。没想到，一阵急骤的电话铃声响起，对方的同事转告小陈，说厂长找她，火气很大。小陈立即赶到厂长办公室，关厂长上来就没有好话："上班时间串什么门？我让你在办公室等着，9∶30出发，你到处跑什么？"小陈也火了，不是还不到9∶30吗？但还是忍住，沉默着听关厂长"发威"。听到关厂长接下来的话，小陈才知道，原来是总工住院了，翻译也因事不能来，如果推迟谈判，对方可能会去找新的合作伙伴。厂长为此事很着急，知道这个情况后，小陈原谅了关厂长的发火。

"您对这个项目熟不熟悉？"小陈问。"主要内容清楚，有些细节不很熟悉。"关厂长说。"细节和全部内容我都熟悉，我参加过这个方案的起草。"小陈自信地说。关厂长眼睛一亮，但马上又暗了下来："可翻译没有来啊。""外商是美国人吗?"小陈问。关厂长肯定以后，小陈说道："我认为我能行。"小陈觉得没有必要谦虚。关厂长顿时惊醒万分，也意识到了自己之前的态度不好。他立刻让相关人员做好了准备工作和小陈一起出发了。谈判成功了，在谈判当中，小陈又当翻译又和老外谈技术合作的细节，关厂长把关决断，配合得十分默契。

由于小陈对对方的情况十分了解，还适当地称赞了几句对方的技术成就和经济实力，对方代表十分高兴，伸着大拇指用简单的中文说："关先生，我羡慕您呀! 您的秘书才华出众、年轻有为。"回来的路上，关厂长对小陈的表现非常满意，当他在说着夸奖的话的时候，小陈却提醒厂长要去医院看总工，对于关厂长要特设犒劳的邀请，小陈也婉言谢绝了。

大家听说厂里新来的秘书把厂长制服了，都很佩服她。可是小陈却认为：领导也是人，在他为难的时候，作为秘书应该亲近一点、热情一点，尽量帮他分忧；在他成功、高兴的时候应该离远一点、冷静一点，尽量使他保持清醒。

问题：你认为小陈是怎样在工作中获得领导的肯定的?

学习内容

秘书工作部门是机关、单位的综合性的办事部门。秘书的一项重要任务，就是要在自己的职能范围内或在领导者的授权下，统筹各级组织、人员、各项工作之间的关系，促使各种公务活动趋向同步化、和谐化、秩序化和科学化，以便实现组织的整体目标。这个统筹的过程就是协调工作。协调是管理的一项重要职责，也是秘书部门的一项重要职责和经常性任务。秘书部门也可以说是协调部门。因此每个秘书都应该了解协调的意义、协调的内容和原则、协调的方法和艺术，努力做好协调工作。

一、协调的含义与作用

协调，从字面上来说，就是同心协力、配合适当的意思。就一般意义而言，协调是一个系统内各个部分之间为了实现一个共同的目的而相互沟通，寻找共同点，从而实现某种平衡，达到某种默契的一种行为方式。从管理的角度来解释，管理只有从整体系统来把握，才能提高管理效率，而提高管理效率则主要靠协调。协调的过程就是管理的过程。

协调的作用就在于消除内耗、化解矛盾，把各方面的力量组成一个和谐统一的合力，以便取得最佳管理效果，实现共同目标。因此协调的核心是使围绕一个共同目标的有关部门和人员，和谐一致地进行工作，在各自的岗位上，朝着一个共同的目标努力。

二、协调工作的原则与要求

（一）协调工作的原则

1. 思想领先的原则。协调工作的类型多样，情况极为复杂。由于人们受所处职位、认识水平、文化素质以及各种利益的限制，常常会滋生极端的个人主义、本位主义和小团体主义，如只顾自己的利益，不顾别人的利益；只看眼前利益，不看长远利益；只纠缠具体问题，不顾大局问题，所以必须坚持思想领先的原则。应该针对协调对象的现实表现，既要就事论事，解决实际问题，更要就事论理，解决协调对象的思想问题，用思想上的一致，带动工作行动上的一致。

2. 服从全局的原则。在实际协调工作中，各种类型的矛盾很多。但多数矛盾都属于局部利益与整体利益之间的矛盾。协调这类问题时，必须保持清醒的头脑。说服有关方面从全局着想，从长远着想，小道理应该服从大道理，使放弃局部利益的一方或数方明理晓义，积极配合，以便统一工作步伐。

3. 调查研究的原则。对任何大小问题的协调，都必须在调查研究、弄清情况之后，提出协调意见、作出协调决定。一般来说，凡是需要协调解决的矛盾，都是比较复杂"难缠"的问题，必须弄清矛盾的来龙去脉，分析矛盾产生的原因，研究矛盾的性质、症结所在以及矛盾对全局的影响，然后，在此基础上向领导提出协调意见、由领导作出协调决定，进行协调工作。

4. 逐级负责的原则。必须坚持分级协调的原则，该哪一级协调的问题，就由哪一级负责，不得往下推，更不得往上交。一般来说，上级组织不要越级处理下级职权范围内的问题，同样，下级组织也不要把自己职责范围内能够解决的问题交给上级组织。只有这样，各级负责，认真办理，才能使问题及早得到满意的解决。

5. 协调处理的原则。协调工作的过程，就是让相关人员共同了解信息，共同理解信息，然后相互理解与谅解，以求协商解决问题。态度是影响协调效果的一个重要因素。因此无论协调何种矛盾，都要尊重需要协调的各方，以平等的态度相待。要理解和帮助被协调的各方，设身处地为他们的利益着想。协调者要站在全局的高度，对被协调的各方平等相待，一视同仁，不偏不倚，要在沟通感情的基础上创造融洽、谅解的协调环境，以利于合作、协商，达到协调的最终目的。

（二）对协调人员的要求

随着时代的发展，协调工作对协调人员提出了越来越高的要求。

1. 要有把握全局的综合素质。协调者不仅要了解各部门的工作性质、任务、特点和规律，懂得综合管理知识，对全局情况心里有数，还要有良好务实的工作作风、过硬的调研本领、敏捷而周密的思维能力，等等。

2. 要有承担责任的勇气。对工作敢抓、敢管、敢负责，对看准问题要一抓到底，雷厉风行，令行禁止。如果谨小慎微、犹豫不决，处理问题前怕狼后怕虎，那就难免会降低协调的效率或导致协调失败。

3. 要有良好的工作作风。要能够吃苦耐劳，做到眼勤、腿勤、脑勤，勤勤恳恳为领导、为部门、为人民群众服务。要能够正确对待名利，甘当无名英雄，有时还要经得起各种误解和委屈的考验。

4. 要有较强的判断能力。秘书要想协调准确，必须判断准确，有时候一步失误就可能给全局造成重大损失。因此，良好的判断能力对于做好协调工作是很重要的。

5. 要有健康的心理、良好的性格、和谐的人际关系。良好的个性修养、宽容谦和的处事态度以及融洽的人际关系可以使协调者面对复杂情况时周旋自如、游刃有余。协调者应当善于团结人、关心人、支持人，使人感到可亲、可信、可敬。

此外，在协调时，还要有灵活多样的协调方法和技能，能够因势利导，因地、因时制宜，才能做好协调工作。

三、协调工作的内容

协调工作的内容是十分广泛的，大体可以分为事务协调、政策协调和关系协调三种。

（一）事务协调

事务协调是指根据领导的意图，对各单位、各部门之间及单位内部就有关公文制发、会议安排、工作和生活保障以及行政管理等事宜协调。在秘书的工作中，事务性协调是经常的、大量的。例如，科学地组织内部机构协调运转，做好权责分明、分工协作，就需要进行大量的协调。为了提高工作效率，根据事情的轻重缓急、经济效益，需要对工作部署进行协调。为了搞好服务，合理使用资金，开源节流，需要对事物管理工作进行协调，等等。在事务性协调中，最经常用到的是办文、办会的协调。

1. 办文协调。办文协调主要包括文件的形成和文件的流转处理。在发文协调中，秘书应该根据有关规定和实际工作需要，认真分析研究各方意见，考虑是否需要行文，文稿内容是否与上级的文件精神相一致，是否需要联合行文，是否需要转批等，提出拟办意见。尽量精简文件，做到可以不发的文件坚决不发，以减少领导审阅文件的数量和时间。在文件运转过程中，秘书应该充分发挥中心作用，积极协调运转中遇到的具体困难和各个环节，保证文件运转能及时、准确、方便、通畅，不断地提高文件传递质量和效率，做好文件收发的登记工作。

2. 办会协调。办会协调主要包括三个环节。

（1）审批的协调。要从诸如会议规模、规格、时间等方面严格把关，考虑是否要开，是否可以几个会议合并开，以什么名义开，是否可以改为其他形式开等问题。做到尽量压缩会议规模、时间和次数。

（2）会议议题的协调。主要根据领导工作中心和工作部署，按照工作的轻重缓急，审核议题的数量是否适当，议题的内容是否切合实际，提交会议研究是否确属必要，有关议题会前是否进行了协调，以及有关方面的意见是否达成了一致等。

（3）会议时间、地点、人员统筹协调。时间上主要考虑工作忙闲以及与其他活动、会议是否冲突，会期是否可以缩短。人员上主要考虑应该有哪些领导参加会议、是否照顾平衡、是否有利于工作等。这些问题确定后再提请领导审定。

（二）政策协调

政策协调是指政策制定中的协调工作和政策本身所具备的协调性。一项政策应该既具备全面性，又有针对性；既有原则性，又要有一定的灵活性。因此在制定政策的过程中，秘书必须协助领导和有关职能部门对政策所规定的各项内容之间的关系进行处理，对该政策与其他政策之间的关系进行协调，并利用政策本身所具有的协调性有效地协调有关单位的活动，从而避免先后制定的政策彼此矛盾和有关单位在执行统一政策的过程中发生矛盾，造成实际工作的混乱。

（三）关系协调

关系协调是指在处理各种社会矛盾关系中所进行的协调，主要包括个人之间、单位之间、地区之间以及单位与个人之间的关系等。秘书在日常工作中必然会遇到并处理各种各样的关系。

1. 对上关系的协调。对上关系协调是指组织与其上级领导者和领导部门的关系协调。对待上级要树立全局观念，尊重和服从上级，融洽和上级的关系，主动为上级分忧解难。具体要做到以下几个方面：

（1）对上级的政策、指示、指令，要全面、正确地贯彻执行。

（2）上级布置的各项工作任务要及时完成，并将完成情况向上级汇报。

（3）遵守组织原则，下级服从上级，在工作中正确领会上级机关领导的意图。

（4）局部利益与整体利益保持高度的一致性。

（5）主动加强与上级机关的联系、沟通，做好上情下达、下情上报。

（6）熟悉上级机关的职责分工，掌握处理和解决有关问题的程序。

（7）工作中的困难，要周详地向领导或上级有关部门汇报，说明原因，争取上级领导和有关部门的理解和支持。

对上关系协调需要注意的事项有：

（1）维护领导成员的威信和形象。秘书主要是从工作角度出发，维护领导成员的威信，即使秘书本人因此受些误解和委屈，也要泰然处之。在工作中只能为领导补台，不可拆台。秘书一定要尊重领导，积极配合领导工作。当领导有某些疏漏或不足时，要积极采取补救措施，消除影响。

（2）维护领导层内部的团结。维护本单位领导层之间的团结，事关本单位内部的稳定和有效运转，这是每个秘书义不容辞的责任。秘书作为领导的参谋和助手，经常活动于领导成员之间，并在领导层和下属机构之间起着沟通枢纽的作用，因此掌握的情况比较多，也比较深入。反映情况、转达意见时要讲究方式方法，不利于团结的话，闲话、气话不能说。发现领导之间有误会，切不可从中搬弄是非，将问题复杂化。秘书请示或汇报工作，应该严格按照领导成员职责分工进行，有分管领导就找分管领导，不越级请示。涉及全局的问题，要请主要领导人裁定。

2. 对下关系的协调。对下关系协调是指上级机关在决策的过程中，充分考虑到下级的实际情况，倾听下级的意见和要求，科学地制定决策，并有效地将组织决策意图贯彻到下级各执行单位，使之自觉地协调运转，并为实现组织目标而努力工作。要求秘书做到以下几个方面：

（1）主动了解下级的各方面情况，并定期向领导汇报。

（2）向下级传达领导的决定、指示，要原原本本，不凭自己的主观意志加以取舍，使下级能够正确领会领导意图。

（3）建立与下级单位领导、群众之间良好的联系，保持谦虚谨慎的态度。

（4）在与下级机关的沟通中，不自作主张，不轻率表态，不随声附和。

（5）在领导形成决策之前，深入基层调查研究，征求各方面意见和建议，使决策建立在全面了解情况、充分代表群众的根本利益的基础上。

（6）在对下关系的协调中，采用平等的语气和态度沟通，多听取下级的意见和困难，并及时向领导或相关部门反映，帮助下级解决实际困难。

3. 同级关系的协调。同级关系的协调，首先是指本部门与平级的相关部门之间的协调。同级部门的协调往往是处理某个问题，涉及几个相关部门的管理权限时，由秘书部门代表本单位向相关部门说明情况、沟通信息、征求意见和交换看法。认识基本一致后，一起会商，制定出大家认同的方案，相关部门联名向上行文请示或向下行文决议，充分运用各部门的管理职权协调统一地解决问题。其次是指秘书部门与本单位各职能管理部门之间的关系协调。

4. 群众关系的协调。秘书的工作性质决定了秘书要与各方面的群众打交道，协调好群众与群众的关系、群众与单位的关系，使群众之间关系融洽，对单位有一种向心力、凝聚力和归属感，这就是群众关系协调的努力方向和目标。

5. 领导之间关系的协调。秘书是领导的近身助手，熟悉领导班子成员的性格，了解领导之间的关系，有利于秘书协调领导之间的关系，维护领导班子的和谐工作状态。如果领导之间出现了矛盾，秘书一般宜采取不介入态度。

6. 秘书与领导之间关系的协调。领导是秘书公务服务的主要对象。正确有效地协调与领导的关系，建立起和谐、默契、相互信任的上下级关系，有利于秘书各项工作的顺利开展。

秘书与领导关系的协调基本原则有以下四点：

（1）服从领导，保持一致。秘书与领导相处的首要原则就是要尊重和服从领导，既不能代替领导，擅自作主，更不能越位越权。要同领导保持思想一致、工作步调一致。

（2）维护领导，忠诚服务。秘书必须自觉维护领导集体所代表的根本利益，忠于职守，精心服务，埋头苦干，任劳任怨，不计名利，通过自身的工作来维护领导所代表的组织信誉。

（3）拾遗补漏，当好参谋。秘书对领导既要服务、服从，又要帮助、提醒，要敢于和善于为领导出主意、提建议。领导在工作中出现失误和疏漏时，秘书要从对工作负责的角度出发，拾遗补漏，帮助领导、提醒领导。

（4）顾全大局，维护团结。秘书是为领导集体服务，不是只为某一位领导服务，因此要协调处理好与领导集体中每位成员的关系，自觉维护领导集体的团结和威信，提高整体工作效率。

第三节　协调的步骤、方法与技巧

案例分析

南方冶金设计院张院长与王副院长，长期以来因工作上的矛盾，隔阂越来越大。院长办公室李秘书看在眼里、急在心里，总想方设法在其间进行协调，但收效甚微，分歧与矛盾依然存在，双方都认为是对方故意跟自己过不去。

有一天张院长病了，住进了医院，李秘书认为调解的机会到来了。当天李秘书就到医院看望张院长，他把带来的礼品放在张院长的床头："我是代表王副院长来看你的，今天听说你生病了，王副院长就约我和他一起来看望你，谁知在半路上被科技处的刘处长叫去了，省科技厅的领导要他们去汇报一个攻关的项目。临别前，王副院长再三叮咛要你好好休息，单位上的事情他会妥善处理，处理不了的他会和你联系，一定请你放心。"张院长听了以后十分感动。过了一段时间，王副院长的爱人病了，李秘书到医院看望，又买了礼品放到床头，而后对王副院的爱人说："我是受张院长委托来的，张院长原来决定下班后与我一起来医院看望你，但人事部门临时有个急事，硬把他拉走了。张院长要我转达他对你的问候，并祝愿你早日恢复健康！"事后王副院长十分感动，责怪自己过去错怪了张院长。

问题：经过协调，两人关系结果怎样？你认为李秘书的协调能力怎样？

学习内容

秘书在做协调工作时，要遵循协调的规律，按照一定的步骤与方法协调，才能够提高协调的效率，达到协调的目标。

一、协调的步骤

秘书的协调工作有两种情况：一种是"计划性协调"，指由领导指派或授意的协调，政策协调和事务协调一般属于此类。另一种是由秘书自己决定进行的协调，即"随机性协调"，人际关系协调大多属于此类，人际关系协调只能由秘书凭经验和诚意进行。计划性协调则有一定的步骤，一般而言，协调过程可以分为"三步走"：找准问题，拟订方案，和实施协调。

（一）找准问题

这是协调工作的开始，强调一要找、二要准。一要找，即秘书人员要主动深入实际，深入群众，通过调查，发现需要协调解决的矛盾。二要准，即先找准那些必须通过协调才能解决的问题，找出问题的关键在哪里，矛盾的焦点在哪里。也就是通常所说的，在众多矛盾中找出主要矛盾，在主要矛盾中找出矛盾的主要方面。然后报请领导同意，请领导直接出面协调，或受领导之托行使协调之责。

（二）拟订方案

一般而言，方案的拟订，可以分为两个阶段。首先是方案的初拟阶段。在这个阶段，秘书可以提出较多的可行方案。其次是方案的精心设计阶段。在这个阶段，秘书要权衡利弊，挑选出三到五个较为可行的方案，呈报领导审批。

秘书提出的协调方案要切实可行，包括协调的时间、地点、参与人员、拟采用的协调工作方法及所要达到的目的，陈述其利弊，请领导定夺。正确的工作方案可以避免走弯路，但工作方案很难做到尽善尽美，还需要在实施过程中不断地修正。

（三）实施协调

实施协调方案既要有原则性，又要有灵活性，瞄准协调目标，随机应变。但对协调过程中出现的新情况、新问题要及时向领导反映汇报，以便得到领导的支持。秘书对每个步骤都要加以督促，并随时向双方通报情况，务求最终落实。

落实之后并非一劳永逸，可能会出现变卦反复的情况，秘书仍应该听取双方的反馈意见，经常关心、检查结果，予以巩固。如果发生新的矛盾，秘书就应该进行下一轮的协调。在解决矛盾、处理问题的协调工作中，要有意识地从正、反两面总结经验教训。对现实工作具有普遍教育意义或指导作用的，可以用编发的形式加以宣传。对具有特别重大意义的，还可以写成专题总结报告加以推广。同时要在总结经验的过程中，力求在各类寻常而反复出现的日常协调工作中，发现规律性的东西，以便逐步实现协调工作的程序化、规范化与科学化。这样，就可以减少类似矛盾的再度发生，使协调工作出现新局面，推动整体工作的正常运转。

二、协调的方式

秘书要根据实际情况，具体地选择妥当的方式进行协调。最基本的协调方式有五种。

（一）个别协调

即单独与矛盾各方进行交谈，了解情况，做沟通工作，从而解决矛盾的协调方式。个别协调在所有的协调方式中使用最为频繁。

一般而言，对于人际关系的矛盾，比较尖锐、复杂或涉及的方面比较多的矛盾，往往宜采用个别协调的方式解决。

与此同时，个别协调往往是其他协调方式的前奏。协调者通过分别做矛盾各方的思想工作，对一些问题的认识基本达成一致意见后，再通过会议、文件等方式进行协调，最终解决矛盾。

（二）信息协调

因隔阂、误解而引起的矛盾，秘书应该以分别或同时向双方沟通信息为主要协调方式。当然应该注意有利于团结的话多讲，不利于团结的话少讲或不讲。为了解决矛盾，秘书暂时隐瞒一些不利于团结的细节也是有必要的，日后自会取得对方的谅解。

（三）会议协调

在摸清情况、沟通双方、有了解决矛盾的初步方案之后，秘书可以建议召开协调性会议。让双方坐在一起，把问题和矛盾摆到桌面上来。会议可以由中间方主持，双方各抒己见，由中间方协调达成协议。

（四）计划协调

同一系统、同一单位的内部协调，可以将前次协调的经验或结果补充到本次修订的计划中。协调时应该充分考虑各方面的意见，照顾各方的困难，尽量满足总体目标和各方利益要求，并且应该留有充分余地，在执行过程中再做适当的调整。

（五）文件协调

较重大、长远的协调，其结果可以用正式文件形式（例如会议纪要、规章制度、通知、协议书等）下达，要求各方遵照执行。

三、协调的方法

（一）实施上下关系协调时常用的方法

1. 信息沟通法。现实生活中的很多矛盾是由于不了解情况，凭主观臆测，加上偏听偏信造成的。医治此症的良药，就是要沟通信息。将有关部门、单位和人员召集起来，如实介绍情况，才能解除误会、消除隔阂。

2. 政策对照法。对同一项工作，有的部门认为该办，有的部门认为不该办、不能办，往往众说纷纭，各持己见。在这种情况下，就要对照相关的方针、政策、法律、法规，统一思想，达成共识。

3. 宣传教育法。秘书应该掌握与协调对象、协调问题有关的政策、方针、法律、法规，以平等的态度、诚挚的语气、委婉谦和的方式，分别或同时向协调对象讲解、宣传，以便提高双方的认识并改变态度。达到在大方向、大原则下的逐步接近，最终统一到大目标中来。

4. 文字协调法。这是经常采用的协调方法，例如通过拟订工作计划、部署活动、制定制度、集体审定文稿等形式统一认识，协调行动，使组织内部上下各相关方面的工作协调运转。这种形式具有规范性、稳定性，是较长时间内保持协调关系的依据。

5. 求同存异法。秘书在听取、了解双方的意见、要求时，应该尽可能发现或寻找双方共同点或接近点，这一点常常可能是打开僵局的关键。有了共同点或接近点，就有了共同的语言，有了讨论的基础。秘书应该引导劝说双方以共同点作为突破口，重视并珍惜即使很小的共同点，尤其是可能达成的初步协议。其他不同意见可以各自保留，不必企求一下子解决，留待以后时机、条件成熟后再进一步协商。

6. 中介法。如果双方矛盾较深，而秘书对双方都不熟悉，沟通对象又对秘书采取拒之门外或敷衍的态度，那么秘书应该寻找与双方都能沟通的第三方的帮助，请第三方出面、介绍、引见，打开进一步协调的大门。

7. 冷处理法。当双方矛盾较深或正值冲突剧烈时，秘书不要急于求成，可以让双方终止会谈，各自冷静下来进行反思。待彼此比较理性时，再进行协调，往往会起到事半功倍的效果。

8. 避虚就实法。当双方为了一些面子、提议或礼节等非实质性的问题而争执不下时，秘书应该引导或劝说双方避虚就实、增强理性、注重务实，以彼此的实际利益、根本利益、长远利益为重，多讨论和解决实际问题。

9. 先易后难法。当双方之间矛盾多而复杂时，秘书不应该企求马上解决或完全解决问题，而应该分析矛盾的主次、轻重、缓急，分析各种有利和不利的条件，尽可能采取先易后难的解决方法。先解决一两个容易解决的问题，让双方产生信心。俗话说万事开头难，良好的开端是成功的一半，第一步迈开了、走对了，以后的路也就会容易得多。

10. 步步为营法。秘书协调解决繁难复杂的问题，应该采取稳扎稳打、步步为营的策略，既不要企求全线出击、大获全胜，也不要幻想长驱直入、直捣黄龙。在先易后难的基础上，步步为营，即解决一个问题，就落实一个、巩固一个。前一个巩固下来，再谋求解决下一个。这样耐心地、扎实地去一个一个解决，一步一步前进，直到最后的完全解决。

11. 场景变换法。场景常常对人的心理、态度产生影响。讨论可以在会议室进行，显得正式、隆重，但也会令人感到拘束。如果换在会客室、餐厅或娱乐场所，就会有亲切、轻松之感。当然场景的变换应该与讨论的内容、气氛相适应。

（二）对下关系协调时常用的方法

对下关系协调必须严守本分，切忌擅权越位。这是因为秘书部门是领导层的辅助机构，处理、协调问题的时候，只能依据领导的决定、决议和批示的精神办，而不能代替领导拍板。秘书虽然辅助领导研究各种问题，但只有参谋权，无表决权。秘书部门提出解决问题的预案，只有经过领导的研究形成决定后，才能生效。总而言之，一定要在领导授权的范围内行事，多请示，多报告，不自作主张。不能打着领导的旗号，越俎代庖，更不能利欲熏心，以权谋私。对下关系协调，除了上下关系协调时常用的方法以外，还有六种常用的协调方法。

1. 面商协调法。面商协调法是指协调者面对面地采取商量的语气与被协调者沟通，以达到解决问题的目的。对不涉及多方，或者虽涉及多方但不宜或不必以会议方式协调的问题，可以用面商形式。面商方式比较灵活，可以是代表组织意见的正式谈话，也可以是个人之间的谈心和交流，可以根据不同的需要灵活处理。

2. 商榷式协调法。商榷式协调法是指协调者以平等的身份、商量的态度、探讨的口气发表自己的意见，征求对方的看法，共同寻求解决问题的最佳办法，达到协调的目的。在重大事务未决策前，上下级之间、平行级之间、部门之间为达成某种协议共同磋商，可以采用商榷式协调法。

3. 建议式协调法。建议式协调是指协调者以平等的身份、建议的态度、谦逊的语言，将自己的意见转告给对方，提请对方选择采用，以达到协调的目的。这种方法不是要求对方去做什么，更不是指示别人做什么和怎么做。平行关系、无隶属关系的单位之间及上级机关某部门与下级单位之间，可以采用建议式协调法。这种协调不具有强制性和约束力，但具有一定的影响力，有助于问题的解决。

4. 理论灌输法。协调工作不能以势压人，只能以理服人，晓之以理，动之以情。通过向群众讲解与问题相关的理论，才有可能统一群众的思想和行动。

5. 权威利用法。权威利用法是当有关各方固执己见、互不让步，进而可能影响领导层决定事项的贯彻落实时，不得已而采取的方法。通过具有权威的领导出面干预，或由领导集体表态，而大家统一思想和步调一致的强制性方法。

6. 感情激励法。协调方法很多，以攻心之法为上。最能感动人心的，莫过于一片认真真情和一颗赤诚之心，晓之以理，还要加上动之以情。人是有感情的，一番肺腑之言或困境中的一次鼎力相助，就能起到联络感情、化解矛盾的作用。人与人之间如此，部门之间、单位之间也是如此。

四、协调工作的技巧

协调工作中的"明"与"暗"、"冷"与"热"、"硬"与"软"的六字口诀是许多有经验的协调者总结出来的很有效的协调技巧。

（一）"明"协调和"暗"协调

"明"协调和"暗"协调，主要是协调场合的选择不同。"明"协调就是利用各种会议形式和其他公开场合进行协商对话，把问题摆到桌面上来，当面协调解决。"明"协调的特点是"当面锣、对面鼓"地把话说在明处，有利于沟通信息，消除误会，密切关系；有利于集思广益，求谋问策，齐心协力。"暗"协调是利用非正式场合进行协调。对矛盾比较尖锐复杂、不宜公开协调的问题，秘书应该采取"暗"协调的方式，暗中周旋，待条件成熟时再转入"明"协调。暗协调的特点是被协调各方背靠背，互不见面，靠秘书在中间穿针引线，传递信息，疏通关系，化解矛盾，最终促使矛盾各方弃暗投明，握手言欢，和衷共济。这是"暗"协调特有的作用。在协调工作中"明"和"暗"两种办法，也是互相联系，配合使用的。"暗"协调是"明"协调的准备，"明"协调是"暗"协调的结果。有时当"明"协调遇到障碍时可以暂时转入"暗"协调，待条件成熟时再转入"明"协调。

（二）"冷"协调和"热"协调

"冷"协调和"热"协调，都是选择协调时机的问题。"冷"协调指用冷处理的办法解决矛盾。这种方法同样适用于人际关系的协调。"冷"协调的特点是避其锋芒，以柔克刚，后发制人，达到协调目的。在矛盾双方比较冲动或冲突非常剧烈的情况下，要等情绪稳定、头脑冷静、恢复心理平衡之后，再出面协调，这时往往能打破僵局，协调成功。秘书在运用"冷"协调时，要学会控制自己的情绪，保持自身的心理协调，否则硬碰硬，谁也说服不了。"热"协调，指的是协调者在看到矛盾各方的态度有所转变，或协调时机非常适当时，一鼓作气，解决问题。用"热加工"的方法解决矛盾，达到协调目的。"热"协调的特点是掌握"火候"趁热打铁，一举成功。

（三）"硬"协调和"软"协调

"硬"协调和"软"协调，都是协调手段问题。"硬"协调就是指运用行政规章制度，规范和约束各方的行为，使之步调一致，行动统一。其显著特点是具有强制性和约束力。"软"协调则指运用道德舆论的力量、思想工作的威力和协商处理的方法，说服各方顾全大局，发扬风格，团结互助，步调一致。"软"协调的特点是思想领先，启发自觉，也可以说是一种思想工作。

在协调工作中，这两种手段往往配合使用。"软"协调是"硬"协调的基础，"硬"协调是"软"协调的保障，二者相辅相成。

秘书在进行"硬"协调时，首先，必须"吃透两头"，对上级的方针政策、法令条例和规章制度做到"烂熟于心"，对下面不协调因素和症结做到"了如指掌"。其次，必须坚持原则，一碗水端平，严格按照有关政策法规办事，不能感情用事、有亲有疏，以便维护政策法规的严肃性。最后，要"拾遗补漏"，从重复出现的不协调问题中发现机构设置、职责分工、政策法规方面的弊端，适时向领导提出建议，改革不合理的机构，建立岗位责任制，修订和完善政策法规，堵塞各种漏洞，防止有人"钻空子"。

此外，秘书在运用"硬"协调时要特别注意："硬"是指政策法规本身具有的强制性和权威性，绝不能以为秘书在协调时可以态度生硬、以势压人。

在实际工作中，由于问题比较复杂，仅仅用"硬"协调往往行不通。秘书在处理这类问题时要坚持思想优先，加强协调工作的思想性。要建议领导大张旗鼓地宣传集体主义思想，强调树立整体观念，发扬协作精神，旗帜鲜明地批判极端个人主义、小团体主义等不良思想倾向，在单位内部造成良好的舆论环境。否则，协调工作就会处于被动状态。

五、协调过程中的注意事项

（一）协调过程中的情绪控制

在协调过程中碰到难以协调的问题或遇上难以合作的对象时，作为代表领导机关进行协调的秘书，必须为自身和领导树立良好的形象。在人际交往中，素质不同、情况不同，就会产生语言、态度上的差异。若遇到对方出言不逊、态度蛮横等情况，一旦协调者不够冷静，就很难达到协调目的，甚至会激化矛盾。因此，无论遇到什么情况，秘书都必须冷静、沉着、不发怒、不动火，更不能甩手就走，要胸襟宽阔，善于控制自己的情绪，才能做好协调工作。

（二）协调过程中的语言运用

语言是人类敞开心扉的交流形式，是人类情感交际的抒发模式。妥当地运用语言这门艺术去做好沟通协调工作是一门深内涵、高层次的学问。语言运用得好，可以准确、完整地传达信息，尽量减少信息的失真或截留，那就有利于上下沟通和感情交流，有利于互相协调和团结合作，使工作能够顺利地展开，使管理水平和管理质量合乎既定的要求。

协调就是要消除纠纷，化解矛盾。而纠纷、矛盾、隔阂、分歧和冲突，往往易造成人际关系的紧张或不和谐的气氛。如果有人在陈述某种意见时用诚挚而令人感动的语气对你说出来，以情动人，你的心就很容易被征服，而且不容易产生相反的意见。因此说服别人的时候，有时激起对方的感情比激起对方的理性思考更为有效。

比如委婉式批评一般都采用旁敲侧击的方法，声东击西，让被批评者有思考的余地。其特点是含蓄蕴藉，不伤对方的自尊心。幽默的语言能缓和矛盾。幽默式批评就是在批评过程中，使用富有哲理的故事、双关语、形象的比喻等，缓解批评时紧张的情绪，启发对方的思考，增进相互间的感情交流，使批评不但达到教育对方的目的，同时也能创造一个轻松愉快的气氛。幽默式的批评在于启发，调动下属积极思考，以不太刺激的方式点到对方的要害之处，含而不露，令人体味无穷。

（三）协调过程中的换位思考

在实际工作中，由于协调各方所处的位置不同，看问题的角度也不一样，所以可能会产生较大的分歧。在这种情况下，协调者不要简单地重申或强调自己的看法和意见，要理解对方，想办法使自己和有关方面的人员都平静下来。试着将自己置于对方的位置，以对方的处境、情感及观点来考虑和解释共同的问题，以期求大同、存小异。

（四）协调过程中的时机把握

在协调工作中，时机把握得好，可以事半功倍；时机把握得不好，寸步难行。当协调对象精神愉快时，工作间歇时，心情平静时，恰逢喜事时，容易接受别人的意见或建议。当矛盾显现时，条件成熟时，是非分明时，上级政策、方针明确时，协调易于取得成功。各相关方面意识到需要协调时，感到共同利益、共同目标的实现必须协调时，协调易于取得好效果。这就需要秘书能敏锐地捕捉信息，有观察问题、发现问题的能力，要善于发展偶然线索，抓住有利时机和条件，并加以利用，进行协调。

（五）协调过程中的大局意识

秘书必须有全局观念。全局或大局，是指事物的整体。局部服从整体，就是指协调处理全局与局部关系时，必须照顾全局。任何时候都必须做到职能部门的利益服从全单位的利益，全单位利益服从本地区的利益，本地区的利益服从全国利益。同时，在此基础上，应当尽可能地满足局部、属下的权益与合理要求。秘书在协调中如果不讲大局，就失去了协调的依据和方向。在实际工作中，许多部门、单位往往容易站在自身的立场上维护本部门、本单位的利益。因此秘书在代表领导做协调沟通的工作过程中，要积极引导部门在工作目标、思想观念和实际步骤上达成共识，把本部门的利益、工作目标与全局的利益、目标结合起来，各部门之间相互协调和适应，不搞自我封闭，摒弃"各人自扫门前雪，哪管他人瓦上霜"的自私狭隘心理，为全局的工作作出贡献。同时身处协调岗位的秘书，也应该设身处地地为部门考虑，做好适当的利益平衡，方能稳定大局。

📖 本章小结

沟通与协调工作是秘书的主要职能之一。本章首先介绍了沟通的概念、原则、方法和影响沟通的障碍因素。然后对协调工作的含义、作用等进行了概要的介绍，最后提出了协调工作的步骤、方式方法、工作技巧以及协调过程中应该注意的事项。

实践训练

训练一

一、实训目标

本次实践课的目的是帮助学生了解秘书在协调领导关系时应该发挥的作用，因此必须让学生通过切身的体会去理解在日常工作中如何与领导相处，同时注意自己的言行所产生的影响。

二、实训内容

请根据下面的背景材料，将情节补充完整，分角色演练。

某公司会议室正在召开经理办公会，参加人员有王总经理、李副总经理、孙副总经理、办公室赵主任，秘书小李负责做会议记录。因为在人事安排上出现分歧，李副总经理与孙副总经理当场吵了起来。秘书小李听了一会儿附和了李副总经理几句，王总经理勃然大怒，这时办公室赵主任站了起来……

三、实训要求

1. 每组五人分别扮演场景中的五个角色，按完整的情节进行表演。

2. 表演后，由各组同学推荐一人在班级发言，阐述情景设计的理由。

3. 教师做最后的总结。

训练二

一、实训目标

对于此训练的参与者而言，既是倾听与记忆者，同时又是复述转达者。当纷乱复杂的信息一次性地告诉倾听者时，重要的是善于删繁就简，掌握要点，并且准确地领会与复述。训练的目的是使学生能够提高沟通能力、准确地领会领导意图的能力、倾听能力、记忆能力及复述能力。

二、实训内容

首先，按小组排成一列，教师扮演上司，在排头的第一位学生耳边轻声口述，或让第一位学生看纸条上的内容。口述指示时用正常讲话方式一口气讲完，中间没有停顿，也没有提示性的"第几点"之说，意思连贯，可以啰唆但不能重复，要求秘书清楚记忆并领会。口述或看纸条及记忆的时间限定为 2 分钟。

其次，第一位学生转过脸对第二位学生耳语，将上司口述指示传达下去，传达者的音量仅限于被传达者可以听见，被传达者如果未听清则可以轻声提问但不能让自己的声音被其他人听见，限时 2 分钟，然后依此类推。

最后，在 20 分钟时，准时停止游戏进程，看该组指示传达到第几位，并且请这个人讲出其所接受的指示。如果错误，就寻找之前的传达者，看问题究竟出在谁身上，由什么原因所造成，并且象征性地进行惩罚。

三、实训要求

1. 训练前，教师编写好任务内容，并将口述内容写在纸上。教师布置的任务要完整，例如"3月5日上午10点，新奥电子有限公司销售部经理要来向我公司推销其生产的最新电子会议设备，你与办公室联系一下，安排一个10人的会议厅，并通知采购部王经理及后勤部李经理参加。"

2. 表演后，由各组同学推荐一人在班级发言，总结出错的原因。

3. 教师做最后的总结。

课后作业

1. 沟通的含义与意义是什么？

2. 影响沟通的障碍因素有哪些？

3. 有效沟通的三个基本条件是什么？

4. 协调的步骤是什么？

5. 协调工作中的注意事项有哪些？

6. 如何进行群众关系的协调？

第 五 章

会务服务工作

学习目标

1. 掌握会议组织与服务基本内容。
2. 掌握会前的准备工作。
3. 掌握会中的服务工作。
4. 掌握会后的总结工作。

第一节 会议组织与服务概述

案例分析

科恩公司准备于 1 月 5 日下午 2 点召开年度总结表彰大会，1 月 4 日下午进行彩排。彩排过程中礼仪小姐依次出场，手捧证书交给在主席台就座的人准备颁奖。不知是疏忽还是紧张，其中一位礼仪小姐竟然没有跟上，同时把应交给前面一位领导的证书递给了下一位置的领导，而排在队伍末尾的礼仪小姐又因为多出来证书不知道该怎么办，傻站在了那里。这一幕被部门经理看到了，部门经理将负责会议现场协调的秘书小王狠狠地批评了一顿。

问题：如果你是小王，面对会议现场出现的问题，你应该如何处理？

学习内容

在社会生活中，各类会议活动随处可见，已经成为一种经常性的社会活动形式。无论是各种国际组织、国家机关，还是企事业单位，无论是国家之间建立外交关系、达成协议，还是组织内部开展政务、经济事务、文化教育及其他活动，都要通过召开会议来达到集思广益、有效沟通，或传达信息、资源共享，或表彰先进、树立典范，或解决问题、推广经验等目的。

一、会议的含义

从字面意思看，"会议"一词中的"会"有聚集、见面、会合的意思，"议"是商议、讨论的意思。"会议"乃"会"而"议之"，"会"而"不议"则非会议。《韦氏新大学词典》关于"会议"的解释是：会议乃一种会晤的行为或过程，是为了一个共同目的的机会。《现代汉语词典》（修订本）对"会议"的解释是：会议是有组织、有领导地商议事情的集会。一些无领导、无组织、无目的的聚合议论、闲聊，则不能称为会议。

可见，会议是一种围绕特定目标进行的、以口头发言或书面交流为主要方式的、有组织、有计划的商议活动。会议有广义和狭义之分：狭义的会议是指至少有三人参加的集体性商议活动，即传统的会议。广义的会议还包括两人或双方之间的会见与会谈以及各种仪式。形成会议的主要条件是：有明确的指导思想、预期目标、具体议题；有明确的时间、地点；有主持人和参会人员。

二、会议的作用

会议是人类在社会活动中形成的一种互动方式。随着社会不断发展和信息流量的迅速增加，会议这种形式所起到的作用越来越受到人们的重视。

（一）集思广益、科学决策的作用

组织基本上都会通过会议的形式对一些重大问题进行决策，经过深入的分析研究，群策群力，最后得出结论性的意见，这样就体现了会议的决策作用。

（二）发扬民主、动员群众、宣传教育的作用

会议可以说是领导机关和各级领导密切联系群众的纽带。会议经过对领导决策的讨论、领会，将领导意图转化为群众的思想和行动，起到了动员群众、组织群众的作用。也有一些会议旨在思想教育、鼓舞斗志或者介绍经验、传授知识和技能，达到某种宣传和教育的目的。例如积极分子典型事迹报告、先进集体和先进个人的表彰、重大历史事件的通报和形势报告、情况传达等，都可以采用会议的形式，起到宣传典型人物、教育广大干部群众的作用。

（三）传达信息、资源共享、学习交流、开拓思路的作用

各级组织均担负着上情下达、下情上报的任务，需要召开各种会议，尽快地将信息上传下达。可以说会议是信息的"聚集地"，也是信息的"发散地"。各类经验交流会、汇报会、电话会、座谈会、调查会，通过汇报、交流、学习、讨论，可以达到沟通信息、交流情况、统一思想、协调工作的目的，使上下左右各方能够互相理解与支持。

（四）协调矛盾、统一思想、促进生产、推动工作的作用

会前，人们往往会对某些问题的看法存在一些差异。在会议上，大家可以围绕一个共同的目标讨论、研究和论证，求同存异，最终达成共识，形成合力，从而起到推动工作的作用。

（五）国际交流、跨文化沟通的作用

随着全球化进程的加快，国际交往日益频繁，越来越多的会议发挥着国际交流和跨文化沟通的作用。

三、会议活动的基本要素

会议活动的基本要素主要包括会议人员、会议名称、会议议题、会议时间、会议地点、会议方式、会议结果。

（一）会议人员

会议人员是指参与会议整个过程的人员，可以具体分为会议主体、会议客体以及其他与会议有关的人员。

1. 会议主体。指主要策划、组织人员的人员，包括主办者、承办者、支持单位、赞助单位、协助单位等（每一个主体可以是一个，也可以是多个）。

2. 会议客体。即参加会议的对象，包括正式成员、列席成员、特邀成员、旁听成员。与会者的数量是决定会议规模的主要因素，一般而言，与会者的人数越多，会议的规模也就越大。

为了保证会议的高效性，邀请与会者时，应该考虑以下要素：

第一，提供信息、提出意见、作出决定，直接有助于会议达到预期效果的人。

第二，对于一些重要的会议，与会者必须具有合法的身份和法定的资格。比如人民代表大会的与会者必须是依法选举产生的人民代表。公司的董事会或股东大会的与会者必须是按照公司章程正式确定的董事或股东。研讨会的与会者必须是对研讨的课题有深厚的专业知识背景，能够提出见解或解决方案的专家和有实际经验者。

3. 其他与会议有关的人员。主要包括主持人、会议秘书和会议服务人员等。主持人往往可以被看作会议的召集人、组织者或引导者。对于一般的小型会议，主持人也可以是召集人。而对于一些大型的会议，主持人就有可能会充当更多的角色，既是会议的组织者，也是会议的引导者。主持人对会议的正常开展和取得预期效果起着领导和保证作用。

（二）会议名称

会议的名称要求能概括并显示会议的内容、性质、参加对象、主办单位，以及会议的时间、届次、地点、范围、规模等。当然，具体的某一次会议不可能也没有必要

将上述项目全部展示，应该视会议的具体要求而定。

（三）会议议题

会议议题是根据会议目标来确定并付诸会议讨论或解决的具体问题，是会议活动的必备要素。会议议题的主要作用有以下两个方面：

1. 准确、具体地体现会议的目标，为目标服务。

2. 引导和制约会议的发言。举行会议首先要明确为什么而"议"和"议"什么。议题的产生通常有两种情况：一种是领导根据需要制订；另一种是秘书经过调查研究、综合信息之后反馈给领导，再由领导审批决定。

（四）会议时间

会议时间是指会议的召开时间和会期两方面。会议的召开时间，指的是会议开始和结束的时间节点。会期通常是指会议期间有聚会、活动一次以上的会议，从开始到结束之间所需的时间段。会议可短可长，少则几分钟、几十分钟，多则数小时、几天，甚至十几天。会议组织者应该尽可能准确地预计会议需要的时间，在会议通知中写明，及时通知与会者，方便与会者有计划地安排自己的工作。

（五）会议地点

会议地点是指会议召开的举办地和具体场所。为了使会议取得预期效果，应该根据会议的性质和规模，选择会议的地点。举办地的选择要考虑其是否与会议的主题有紧密的相关性或是否有政治影响或经济效果。考虑具体的会场时，要全面考察会场的大小、交通情况、环境与设备是否适合等因素。

（六）会议方式

会议方式是指为了提高会议效率、实现会议目标而采取的各种形式或手段，例如现场办公会、座谈会、观摩会、报告会、调查会、电话会等。随着电信媒体的广泛运用，有些企业已经采用"虚拟实境会议"，也就是"视频会议"，使企业在开会方式上面临空前的发展，这些手段的运用除了注重人性的考虑，更重要的是使远距离沟通变得容易，不仅免除了舟车劳顿之苦及车费的开销，而且还使各分公司能与总公司紧密结合。

（七）会议结果

会议结果，即会议结束时实现目标的情况。会议结果可能会与预想的目标一致，也可能与预想目标有一定的差距。会议最好能达到会前预设的目标，如果不能，至少也要有会议结果，即使只是一个初步的决议或协议。会议结果通常是以会议决议、合同、条约、协定、声明等文件的形式记载下来，并归档保存，也可以直接传达。

四、会议的种类

会议作为人们从事社会活动或从事各项工作的一种重要手段和方法，其应用十分广泛，因此可以从各种不同的角度划分其所属的类型。

（一）按照会议的规模划分

会议的规模是相对的，通常依据出席会议的人数分为四类。

1. 小型会议。一般是指少则几人，多则几十人参加的会议，但往往不少于三人。例如各种办公会、座谈会、现场会。小型会议一般安排在工作现场或小型会议室召开。

2. 中型会议。一般指人数在几十人至数百人的会议。例如节日慰问会、表彰会、学术交流会和大型企事业单位的职代会。中型会议根据与会人数，可以安排在会议厅或礼堂召开。

3. 大型会议。一般是指千人至数千人参加的会议。例如全国人民代表大会、博览会、交易会。大型会议一般在礼堂、会堂或剧场、会议中心召开。

4. 特大型会议。一般是指人数在万人以上的会议。例如大型节日集会、庆祝大会等。特大型的会议一般可以在体育场、露天广场召开。

（二）按照会议的内容划分

1. 综合性会议。这类会议一次会议要讨论或研究多方面的问题，例如各级人民代表大会、政府常务会议等。

2. 专题性会议。这类会议一次只集中解决某一方面的问题，讨论研究某一方面的事情或工作，例如专题研讨会、年度销售会议等。

（三）按照会议的性质划分

1. 决策性会议。指拥有立法权或决策权的领导机关或领导层，为了制定和颁布方针、政策、法规或就某些问题进行商讨，对重大事项作出决策而召开的会议。代表性会议、领导工作会议一般属于决策性会议。

（1）代表性会议。是指按照法定的程序，为了制定、颁布法律、法规，选举产生新一届领导班子等重大事项而召开的会议。例如各级人民代表大会等。

（2）领导工作会议。是指由各级机关、企事业单位的领导班子内部定期或临时召开的，研究工作中的重要事项，并作出决策的会议。例如各级领导机关的领导办公会议、董事会会议等。

2. 非决策性会议。指不产生需要贯彻执行的政策、法规或不作出决策的会议。非决策性会议又可以分为以下几种：

（1）日常办公会议。通常是指根据本单位、本部门的工作职能，具体研究、讨论日常工作的会议。例如工作例会、办公会议等。

（2）咨询性会议。通常是指在作出重大决策、具体开展工作之前，邀请有关专家，对决策目标和方案的可行性进行咨询、论证的会议。例如投资咨询会等。

（3）总结交流会议。通常是指在工作任务完成之后，对工作的情况和问题、经验和教训进行总结交流的会议。例如经验交流大会、工作总结大会等。

（4）谈判商洽会议。通常是指围绕商业活动达成合作事宜，签订合同协议的会议。例如订货会、商务洽谈会等。

（5）进修培训会议。通常是指为了提高员工业务水平，强化理论知识，加强专业技能而召开的会议。例如健康险销售培训会议等。

（6）庆典性会议。通常是指为了庆祝重要节日、重大事件或工作取得重大成果而召开的会议。例如联欢会、庆祝大会、周年庆等。

（7）商品展示和推介性会议。通常是指由商品生产单位举办的，在某一场所和一定期限内，用展示的形式，向专业群体和消费者介绍和推广自己的新产品。例如第四届世界职能大会推介会等。

（四）按照会议所跨的地域范围划分

1. 国际性会议。指会议的内容涉及其他国家或地区，并且与会者来自不同的国家和地区的会议。例如东北亚和平与安全会议、世界律师大会、世界人工智能大会等。

2. 全国性会议。指会议的内容涉及全国性问题，参加会议的人来自全国各个地区的会议，例如全国人民代表大会。

3. 地区性会议。指省、市、县或其他地区性的会议，例如天津市人大常委会第五次会议等。

4. 个体性会议。组织单位根据自己的需要而召开的会议，例如职工大会、业务洽谈会、新产品推介会、销售会议、培训会议、客户咨询会、奖励会议等。

（五）按照会议的职级划分

根据参加会议的最高职级划分，可以有元首级会议、部长级会议、厅局级会议等类型。股份制企业内部的会议按照职级可分以下六种会议类型：

1. 股东会议。股东大会是公司最高权力机构。股东会议就是由公司的出资者（股东）出席的定期或临时召开的会议。会议主要审议、批准公司年度财务预算、利润分配或弥补亏损方案，决定公司经营方针和投资计划，选举更换董事，修订公司章程等。

2. 董事会会议。董事会是公司的执行机构。董事会会议是由全体董事出席的定期或临时召开的会议。会议主要决定和批准总经理提出的计划、年度经营、资金使用等方面的报告，批准财务报表、收支预算、年度利润分配方案，制定公司的规章制度，决定聘用总经理等高级管理人员等。

3. 高级管理人员会议。是由公司高级管理人员参加的会议，在总经理的主持下重点讨论公司的生产经营管理工作，组织实施董事会决议，组织实施公司年度经营计划和投资方案等工作。

4. 中层管理人员会议。是由处长、科长或部门经理等中层管理人员参加的会议，是公司作出决策后，进行生产、经营活动的正式会议。

5. 职工大会。由企业全体职工参加的会议。主要有动员大会和总结评比大会。前者意在鼓舞士气，调动职工积极性和工作热情。后者意在总结经验，展望未来，向全体职工提出新的希望和要求。

6. 部门会议。这种会议是部门内部所举行的，以解决问题及传递信息为目的，以工作场所为会议地点。

第二节　会前筹备阶段的会务工作

案例分析

2020 年，突如其来的新型冠状肺炎蔓延至全国，党中央、国务院对此高度重视，为深入学习贯彻习近平总书记在统筹推进新冠肺炎疫情防控和经济社会发展工作部署会议上的重要讲话精神，听取各省市在疫情防控期间复工复产情况。国务院联防联控机制定于 2020 年 2 月 26 日上午 10 时举行新闻发布会，请中央政法委副秘书长、最高人民法院副院长张述元、最高人民检察院副检察长陈国庆、公安部副部长杜航伟、司法部副部长熊选国介绍《关于政法机关依法保障疫情防控期间复工复产的意见》有关情况，并答记者问。

问题：在会议召开前，秘书处需要准备哪些会前工作？

学习内容

会前进行认真细致的准备，是会议取得成功的前提和基础。秘书要以高度负责的态度做好会前准备工作，为成功召开会议打好基础。

会前准备的要素主要包括以下方面：

一、安排议题

开会一般是为了沟通信息、部署工作，有了"问题"或"事情"才开会。开会要有明确的目的和清晰的主题，亦即有了议题才开会。只有个别情况是确定开会之后，才提炼或确定议题的。

二、确定名称

任何会议，都应当根据会议内容确定会议名称。会议名称应当根据会议的议题或主题来确定。会议名称要体现和强调会议的内容、性质、范围和任务等，同时还要便于会议通知、会场布置、会议记录和会议的宣传报道等。

会议的名称一般包含以下几个内容：会议的主办机构的名称、会议的主题、会议的内容、会议的类型、会议的时间或范围。例如，"××集团经贸洽谈会""××学校×××年教师节表彰大会"等。

总的来说，会议名称要用精练的语言高度概括会议的主题和内容，使人一目了然。确定会议的名称一般用全称，会议的正式文件、会议的记录一律写会议全称，会议简报和会议的宣传报道可以用规范化、习惯性的会议简称。

三、会议的议程

会议议程是对会议议题的顺序安排。一般而言，会议议程由会议主办单位的领导机构来确定。法定性会议的议题和议程必须提交会议的主席团或预备会议表决通过，其他重要会议则按议事规则中的具体规定办理。

会议议程主要包括以下内容：

（一）标题

由会议名称加上"议程"二字组成。例如："××集团表彰大会议程"。

（二）题注

法定性会议议程应当在标题下方说明该议程通过的日期、会议名称。题注的内容要用括号括起来，例如："（××××年××月××日教师代表大会第一次会议通过）"；一般性会议用括号注明会议的会期，例如："（××××年×月×日-×月×日）"。

（三）正文

正文需要简明扼要地说明会议的每项议题和活动的顺序，为使内容清晰地表达，可使用条项式，逐项排列。

四、会议的日程

会议的日程是指会议议程在时间上的具体安排。会议的日程不仅要把每项议程安排在一定的时间内，还要安排会议中的其他辅助活动，如聚餐、娱乐、参观、考察、合影等。会议日程的安排要贯彻精简、高效、科学、合理的原则，要做到张弛有度、劳逸结合，以提高会议的质量。

为方便阅读，会议日程一般使用表格式。日程安排包括日期、上下午或具体时间、会议内容、会议地点、参加人、主持人或负责人等几项内容。

五、会议预算

会议预算是指对会议显性成本的预算。会议预算根据会议的议程和日程安排以及会议规模编制。一般包括：场地租赁费、文具与资料费、培训费、聘请专家劳务费、茶水费、交通费、设备租金、食宿费等。

编制会议预算一要本着勤俭节约的原则，尽可能压缩会议的开支；二要有适当弹性，经费上留有一定余地，以应付会议中突发的而又必需的开支。

六、选择会场

选择会场应当根据会议的规模、内容、规格和类型等因素来确定。秘书选择会场时，要从以下几个方面考虑。

（一）会场大小要适中

会场的大小必须根据与会人员的数量来确定，会场大小应与参加会议的人数相当，会场过大或过小都会影响会议的气氛和效果。秘书要考虑好每场会议需要安排多少人，有多少场会议要同时进行，需要多少间会议室。一般而言，会场至少应该为与会人员提供能做记录的充足的桌位，同时还要考虑与会人员是否需要进行交流，如果需要则应提供相应的空间。

（二）会场的交通要方便

选择会场，要充分考虑会议主办单位和与会者是否便于前往，太远或交通不便，都会给会议的召开带来诸多不便。选择交通便利的会场，有利于提高会议的效率，减少会务人员的工作量，节省人力、物力和开支。

（三）会场环境要适宜

会场的环境包括气候天气、空气质量、噪声大小、环境绿化等因素。在条件允许的情况下，应当尽量选择气候适宜、空气洁净、幽静安谧的会场，尽可能地为与会人员提供良好的环境，以便于与会人员集中精力，保证会议取得满意的效果。

（四）会场设施要齐备

会场内设施要齐全，主要是指召开会议所需要的一般设施，如照明设备、音响设备、通信设备、放映设备、计算机、打印设备、空调设备、桌椅用具、卫生设施以及必要的安全设备等。举办较高级别的会议还应考虑是否有足够的停车位，是否有足够的电梯，是否有备用电设备等。

（五）会场规格要适当

会场规格主要体现在会场的装潢水平、设施档次和服务条件等方面，对会议的开支有着直接的影响。要切实从会议本身需要出发来确定会场的规格，不片面追求会场的规格，切忌小题大做，避免铺张浪费。

七、与会人员提名

同安排议题一样，决定参加会议的人员的权力在于领导，秘书应根据会议议题提出合适的人员名单供领导选择。

选择恰当的与会者是决定会议能否达到预期目的的重要因素之一。选择与会者时，必须注意以下几个问题：

1. 参加会议的单位。即明确哪些单位必须参加会议。可参加也可不参加会议的单位不应当列入参加范围。

2. 参会对象的职务或级别。即明确什么职务和级别的人员必须参加会议。有的会议必须是正职干部才能出席，有的会议只需要主管人员参加，有的会议则规定必须是一定级别以上的干部参加。

3. 参会对象的身份。即明确每一个对象是按照正式成员、列席成员、旁听成员、特邀成员这四种身份的哪一种来参加会议。对象的身份不同，参加会议的提法也不一样：正式成员称为"出席"；列席成员称为"列席"；旁听成员称为"旁听"；特邀成员则根据具体情况，可以称为"出席"，亦可称为"列席"。

4. 参会对象的代表性。与会者是否具有代表性，是会议能否真正发扬民主、集思广益的关键因素。因此，代表会、专题研讨会、听证会等，应充分考虑参加对象的代表性。

确定与会人员是会务准备工作中的一项比较困难而又重要的工作，秘书应根据领导的指示和会议的要求，反复考虑、认真核查，并请领导最后认可。

八、制发会议通知

会议内容、时间、地点和与会人员一经确定，就要制发会议通知。

会议通知一般可用两种形式，一种是书面通知，一种是口头通知。书面通知正式庄重，具有备忘和凭据的作用。参加人数较多或比较正式的会议，应用书面通知；口头通知常用于内部小型的事务性或例行性会议。

会议通知的内容应包括：召开会议的单位或部门、会议时间、会议地点、主要议题、参会人员范围、需做的开会准备、报到地点与时间、联系人与联系方式、交通状况等事宜。

会议通知的拟写格式一般包括以下几部分。

（一）标题

会议通知的标题有两种写法：

第一种：主办机关名称+会议名称+通知。这种写法一般用于重要的会议。如"××市政府办公厅关于召开××会议的通知"。

第二种：只写"会议通知"或"通知"。这种写法一般用于事务性或例行性会议。

（二）通知对象

通知对象是单位，写单位名称时可以写特称，如"×××公司"，也可以写统称，如"各直属部门"。通知对象如果是个人，一般直接写与会者姓名。

（三）正文

会议通知的正文一般包括以下内容：

1. 会议的目的、名称和主题。有时可以列出会议的具体议题或讨论的提纲，报告会应当写明报告人姓名、身份和报告内容。

2. 会议的时间。包括开始时间、报告时间、结束时间。

3. 会议的地点。应具体写明会场所在的地名、路名、门牌号码、楼号、房间号、会场名称，必要时画出交通图，标明地理方位及抵达的公交线路，以方便与会者。

4. 参加对象。如果通知对象是单位，应当在正文中说明参加会议的人员的具体职务、级别以及参加会议的方式（出席、列席等）。有的会议为了掌握规模，通知中还规定每个单位参加会议的人数。

5. 其他事项。如参加会议的费用、报名的方式和截止日期、有关论文撰写和提交的要求、入场凭证（入场券、本通知）、联络信息（如主办单位的地址、邮编、电话和传真号码、网址、联系人姓名）等。

（四）落款

通知落款应写明主办单位的全称，并注明发出通知的日期。

有的会议通知还需要附上回执或报名表，一般制成表格，请出席对象填写姓名、性别、年龄、职务或职称、预订回程票的具体要求等项目，以便掌握会议的出席情况，安排接待等工作。

九、与会者的编组

规模较大而且需要安排讨论、审议等活动的会议，应当将与会者分成若干小组。编组有利于提高会议活动的机动性，并使每个与会者都获得发言的机会。

常用的编组方法有：

1. 按与会者所在的单位编组。如机关或企事业单位召开大会，可以按下属的部门或单位分组。

2. 按与会者所在的行业或系统编组。如全市性大会可以分成教育、卫生、农业等小组。

3. 按与会者所在的地区编组。如全国性会议可以按行政区划分组。

4. 按议题编组。即把会议成员按议题分成若干小组，以便于对议题进行深入的讨论和研究，学术性会议常常使用这种分组方法。

十、布置会场

布置会场是会前准备的一项重要内容，要根据会议的性质、规模、会议类型和议程等方面因素来安排。

（一）会场的整体布局

会场的布局，要根据会议的性质、规模和实际需要来定。不同的会场布局，体现不同的气氛、意义和效果，适用于不同的会议目的。会场布局一般有以下几种。

1. 礼堂式。礼堂式会场布局的主要特征是主席台和代表席采取上下面对面的形式，突出主席台的地位，整个会场的气氛显得比较严肃和庄重。

礼堂式布局一般用于较大的会场，面向主席台的代表席摆放一排排的桌椅，中间留有两条以上、位置较宽的通道，这种布局场面开阔，适合召开大中型的报告会、总结表彰大会和代表大会等。这种会场一般是专用会议场馆，座位固定，无法做调整，布局灵活性不强。

2. 全围式。全围式会场布局的主要特征是：不设专门的主席台，会议的领导和主持人同其他与会者围坐在一起。其优点是容易形成融洽与合作的气氛，体现平等和相互尊重，有助于与会者相互熟悉和不拘形式地发言，使与会者畅所欲言、充分交流、探讨问题，同时也便于会议主持人及时准确地把握与会者的心理状态和思想动态。全围式布局适用于召开小型会议。

3. 半围式。这种会场布局介于礼堂式和全围式之间，即在主席台的对面和两侧安排代表席，形成半围的形状。既突出了主席台的地位，又增加了融洽的气氛。适用于中小型会议。半围式布局又可分为马蹄形、T字形和弧形三种。其中弧形比较特殊，弧形面是主席台或评委席，被半围的席位是质询、述职、考评、听证、面试对象的座位，对象会感受到一定心理压力。

（二）主席台的布置

主席台是会场的中心，会议与会者瞩目的焦点，因此是整个会场布置工作的重点，必须慎重从事，不可有丝毫差错。主席台的布置应与整个会场的布置协调一致，主要考虑两方面问题：

1. 主席台座位。主席台的座位一般采用横排式，分为同栏形和分栏形两种，横排的长短和排数根据人数多少而定。主席台每排座位之间、横向座位之间要适当留有距离，以方便领导人入席与退席。

2. 讲台。会场设置专门的讲台，有助于突出报告人的地位，显示报告的重要性，也有助于体现会议的庄严和隆重。因此重要的代表大会和报告会，一般需设专门的讲台。讲台一般设在中央，或设在主席台的右侧（以主席台的朝向为准）。设在中央的，位置应低于主席台，以免报告人挡住主席台上就座者的视线。

（三）会场气氛的营造

1. 会标。将会议的全称以醒目的标语悬挂于主席台前幕的上端或天幕上，即为会标。正式、隆重的会议都应当悬挂会标。会标的作用在于：一是体现会议的庄重性；二是提示会议的主题和性质，激发与会者的参与感。会标应当简单明了，格调应当与会议的主题保持一致。

2. 会徽。会徽即体现或象征会议精神的图案性标志，一般悬挂于主席台的天幕中央，形成会场的视觉中心，具有较强的感染力。会徽一般有三种：一是以本组织的徽志作为会徽，如党徽、国徽、团徽、警徽；二是以会议主办机构的徽志作为会徽；三是向社会公开征集，选择最能体现或象征会议精神的图案作为会徽。

3. 标语。会场内外适当的标语可以烘托会议的主题，营造会议的氛围，振奋与会者的精神。会议标语的制作应当做到围绕会议主题，简洁上口，具有鼓动性和号召力。

4. 旗帜、花卉等点缀。重要的会议应当在主席台会场内外插一些旗帜，以营造会议的庄重气氛。布置适当的花卉点缀会场，能给人富有生机的感觉，能愉悦人的身心，振奋人的精神，减轻长时间开会的疲劳。

十一、安排座次

（一）主席台座次的安排

主席台的座次安排，实际上就是参加会议的领导人的次序安排。这既是一项技术性工作，也是一个严肃的政治问题，秘书必须极其认真地对待。

首先要与有关领导一起商定主席台上就座人员的准确名单和身份排列顺序，然后严格按名单安排座次。通常安排座次的做法是：身份最高的领导人（有时是声望最高的来宾）就座于主席台前排中央，其他领导人则按先左后右（以主席台的朝向为准）、一左一右的顺序排列，依此类推。如主席台上就座的人数为偶数，则第一位领导人坐在第二位领导人的左侧，第三位领导人坐在第一位领导人的左侧。

（二）代表席座次的安排

1. 横排法。这种排列方法是以参加会议人员的姓氏笔画或单位名称笔画为序，从左至右横向排列。选择这种方法应注意，先排出会议的正式代表，后排出列席代表。

2. 竖排法。这种排列方法是按照各代表团或各单位成员的既定次序或姓氏笔画从前至后纵向依次排列。选择这种方法应注意，将正式代表或成员排在前，职务高者排在前，列席成员、职务低者排在后。

3. 左右排列法。这种排列方法是以参加会议人员的姓氏笔画或单位名称笔画为序，以会场主要台中心为基点，向左右两边交错扩展排列座次。选择这种方法时应注意人数。如果一个代表团或一个单位的成员人数为单数，排在第一位的成员应居中；如果一个代表团或一个单位的成员人数是双数，那样排在第一、第二位的成员应居中，以保持两边人数的均衡。领导同志接见、照相时采用这种排列方法也比较合适。

十二、会议文件准备

会议文件是指适应会议活动需要、体现会议主要精神的文字材料，用于传达会议主旨、目的和任务，反映和记录会议情况。

会议文件的突出特点是：种类多、时间紧、要求高、规范严、处理繁。

会议文件可以简单分为会议的主旨文件和其他会议文件。

（一）会议主旨文件

会议主旨文件是会议提供讨论通过的主题文件，用于阐述会议宗旨、目的、任务和要求。主要有：会议的主题报告、讲话稿；需要审议通过的决议、决定、方案、章程等；领导人的开幕词、闭幕词等。

会议主旨文件大都在会议前准备好，按照参会人员名单装入文件袋。印制的份数应稍多一些，以备万一。重要文件和保密文件必须编号、登记，发放时还要登记。

还有一些会议审议的文件，比如工作方案、规划、章程等，须在会前数日分送与会人员审阅，以便其有充足的时间准备，提出意见。

（二）其他会议文件

除主旨文件外，秘书要准备的会议文书还有会议交流的资料、重要的发言稿、会议参考资料、选举的背景材料等。

十三、会议筹备方案

会议筹备方案也称作会议预案，即会议的计划。会议筹备方案的内容包括：会议召开的缘由及依据、会议的主旨、会议名称、会议时间和会期、会议地点与条件、会议规模、参会人员与人数、会议议程与日程安排、经费预算及经费来源、会务工作机构与分工、会议的前期准备事项、后勤服务、保卫与保密工作等。

秘书拟写会议筹备方案，首先要落实好方案中的各项内容，拟写时要符合方案的写作规范，拟写完成之后要经领导审阅批准后方可依照执行。

会议筹备方案的一般格式是：

（一）标题的写法

完整规范的会议筹备方案标题由会议召开单位、会议名称和文种组成。会议召开的单位一般可以省略，如"××市秘书学会主题研讨会筹备方案"。

（二）正文的内容

第一，会议主旨与会议名称。

第二，会议召开的时间与会期。

第三，会议召开的地点。

第四，出席范围和会议规模。

第五，会议筹备组的组成与分工。会议筹备组一般可直接分成会务组或秘书处，还可根据会议的规模，将会务组或秘书处细分成接待组、宣传组、组织组、财务组、保卫组等。

第六，会议的议程安排。

第七，会议的日程安排。

第八，会议材料准备。

第九，会场布置方案。

第十，会议住宿和餐饮安排。

第十一，会议经费预算。会议经费主要包括：文件资料费、通信费、场地租赁费、设备和用品费、公关宣传费、食宿补贴费、交通费、专家劳务费等。

第十二，其他活动的组织安排。

（三）落款

会议筹备方案的落款有两部分内容，一是方案制定单位名称。会议筹备方案一般多由会议承办方拟定，经与主办方协商一致最终确定，落款时可直接标注承办方，也可以承办方与主办方一同标注。二是时间。会议筹备方案落款时间一般采用汉字小写，也可使用阿拉伯数字，标注在右起空 4 格的位置。

第三节 会中服务阶段的会务工作

案例分析

林林为某保险公司的一名秘书，公司为提升员工的营销能力，增强客户与员工之间的黏性，定于 2019 年 10 月 20 日 9：00 于阳光大酒店举办"保险资金运用全面风险管理高峰论坛"，在 10 月 20 日前会务部已将会场布置好，10 月 20 日 9：00 会议如期举行。

问题：在论坛召开的过程中秘书林林需要做哪些工作？

学习内容

一场会议顺利进行，秘书在其中的作用不容小觑。会议进行的过程中所包含的会务工作有：会议报到与引导工作、协助正确使用会场设备并发放会议用品、搞好生活服务和做好会议记录四大部分。

一、会议报到与引导工作

（一）会议报到

会议报到是针对需要集中住宿的大中型会议而言的，是与会者从自己的工作单位或酒店到达指定的开会地点时所办理的登记注册手续。报到是会议秘书部门掌握与会人员准确到会的情况并实施组织的重要一环。

一般说来，重要的大中型会议既要求报名，也需要报到，普通的会议只履行报到手续即可。由下级单位自己确定参会人员的会议，则必须报名。

1. 会议报到的方式。会议报到可以由与会者本人持会议通知或单位介绍信亲自报到。也可以由本单位与会人员代为报到，例如一个单位参加同一个会议人员较多时，可以采用这种方式，由一人如秘书，代为报到。

2. 与会者报到时，秘书要做好以下工作：

（1）查验证件，确认与会者的参会资格。一般情况下，与会人员应该持会议通知或本单位介绍信亲自来报到。会议秘书要根据手中掌握的材料查实报到人员确是与会人员，特别是对委托他人代为报到的与会人员，更要核实无误。

（2）在确认报到人身份后，请与会者在登记表上填写个人姓名、性别、年龄、单位、职务、联系地址、电话等有关信息。

（3）统一接收与会者随身带来的需要在会上分发的材料，经过审查后再统一分发，以免由于与会者在会场上自行分发而影响会议秩序，同时也可以防止自行分发材料可能造成的其他不良后果。

（二）会议签到

1. 会议签到的作用。签到是为了及时了解该到会的人是否都已经到会，并准确地统计出到会的实际人数。会期较长、具体活动较多、内容较重要、需要集中接待的会议活动，与会者除了需要办理报到手续以外，还要在每一场会议活动的签到簿上签名，表明其参加了这一次会议。尤其是各级党代会和人大会，签到可以确切掌握出席人数是否达到法定人数，这对于表决和选举结果是否有效将是至关重要的。

简言之，会议签到的作用主要有以下几方面：

（1）便于统计实到人数，以便确定法定性会议的有效性。

（2）检查缺席情况，以便及时通知有关人员到会，或通知缺席对象另行补会。

（3）庆典仪式、纪念性等会议活动的签到簿可以珍藏，留作永久的纪念。

（4）与会者的亲笔签名是第一手签到记录，是其参加会议活动的书面证明，可以为日后的查考提供历史凭据。在一些法定性会议上，签到还是一种法律行为。

2. 会议签到表的格式。同一个单位或同一类会议的签到表应当统一格式。会务人员可以根据需要设计签到表。如果列数较多，那么可以将版面设计为横向排列，这样才有足够的空间填写内容。

3. 会议签到的要求。签到是一项重要的会务工作。签到工作要求做到以下几方面。

（1）认真准备。就是要求会前要将有关签到文具、表格或设备准备好。

（2）有序组织。就是签到的组织要有条不紊地进行。要事先安排好签到处，安排会务人员等候。如果签到的同时发放文件，那么特别要将有关材料装好袋，避免代表签到时等候，显得手忙脚乱。

（3）及时统计。就是要求组织签到时，要以最快的速度统计出到会人数和缺席人数，并在会议正式召开之前报告大会主席或会议主持人，以便使其根据签到结果，宣布会议是否符合法定人数，从而决定会议是否能够如期召开。

统计到会人数，是一项急促而又细致的工作。在不使用电子签到机的情况下，统计到会和缺席人员名单，可以采用以下两种方法：①安排按号（座）的顺序整理签到单，很少的工作人员就可以完成这项工作。但这种方法需要等大部分与会人员到会后才能开始工作，在会前只能统计到会和缺席人数，不能很快地提交缺席人的具体名单。②把座次表全图印出来（上面有排号、坐号、人名），一边接受签到，一边在座次表上销号。这样做，可以随时知道谁已到会，谁未到会，一目了然，可以随时把到会和缺席人数及缺席者姓名上报。

（4）准确无误。即签到的结果必须以准确的数字来体现，既不允许人数不符，也不允许出现"大约""左右"一类的模糊数字。

（三）会议引导

引导是指会议活动期间会务工作人员为与会者指引会场、座位、展区、餐厅、住宿的房间以及指示与会者问询的路线、方向和具体的位置。引导虽然看似小事，却能给与会者提供许多方便，使他们感到亲切，也有利于会场内外正常秩序的建立。

引导工作贯穿于整个会议期间，每一位会务工作人员都应当履行为与会者引导的义务。但在大型的或重要会议报到以及进入会场时应当派专人负责引导，这类专职引导人员常被称为礼仪人员。负责引导的礼仪人员要统一着装，熟悉会场的布局以及各种配套设施的情况。大型会议活动的礼仪人员还要了解本地的交通、旅游、购物等情况，以备与会者随时咨询。国际性会议的礼仪人员还要掌握外语对话能力。

日常的小型会议，与会者一般都有自己的习惯座位。但多数会议需要与会者按照会前安排好的座位或区域就座。

应该在出席证或签到证上注明座号，也可以在每个会议桌上摆放名牌，并同时印制"座次表"发给与会者，与会者第一次入场的时候，引导人员应该做必要的引导，以便与会者找到座次。所以，引导人员要做好引导工作，以便保证会议的顺利进行。

召开大型会议，为了方便与会者尽快就座和保持会场安静，都需要会议工作人员采取某种方式引导座位。比如，在会议厅召开的大中型会议，一般都采用对号入座的方式或者将会场划分为若干区域，以地区或部门行业为单位集中就座。根据不同的情况，有的也可以采取随便入座的方式。无论采取对号入座，还是随便入座，或者划分区域入座，都可以设立指示座位的标志或者由会议工作人员引座。

二、协助正确使用会场设备并发放会议用品

（一）检查会场准备情况

会议当天对会议准备情况的检查主要包括设备安全工作情况，桌椅数量是否足够，水和水杯的准备，会标、花卉的准备等细节。

（二）协助主持人和演讲嘉宾使用设备

会议开始后协助主持人和演讲嘉宾使用 PPT、投影仪、翻页笔、播放器、麦克风等设备。

（三）发放会议用品

分发会议文件、证件、文件袋等会议用品。重要文件必须履行签收手续，保密和需要清退的文件还要发给与会者文件清退目录，请其妥善保存，会后退回。在分发文件、证件、餐券时，会议秘书、总务、警卫机构应该协同工作，在酒店或适当位置集体办公，将所有手续一次办完，将所需分发物品一次性全部发给与会人员。

如果会议要赠送礼品，那么会务组一般将礼品装入资料袋，同资料一起发放。如果并不是所有与会人员都有礼品，或不同的参会者有不同的礼品，接待人员就要细心区分，切忌出错。

三、搞好生活服务工作

（一）及时订购回程票

与会人员是否订购回程票，会务组可以在会议通知的回执中列明，也可以在会议签到时列明或确认，收费后帮其订票。

（二）会议期间的旅游服务

任何一个成功的会议都需要有休闲活动安排，一方面，使会议有张有弛，促进会议成功；另一方面，为与会者增加沟通的机会，加强交流。与会者常把会议所在地的旅游当作参加会议的目的之一，这就要求秘书提供必要的服务。

1. 提供当地旅游信息，包括当地历史名胜、风景点、影剧院、音乐厅、健身运动场所及购物中心等信息，有些信息应该具体到各地点的开放时间、天气状况等。最好提供一套当地旅游观光的小册子，给与会者提供方便。

2. 统一安排一次或两次当地旅游活动。一是应该把旅游时间表和会议时间表有机地结合起来，让与会者在紧张的开会之余，能有休息的时间，以便做到劳逸结合。二是做好宣传工作，保证最基本的人数。三是要有详细的时间安排和旅游项目的游览安排，尤其是每一站到达和离开的具体时间。四是需要明确在何种情况下会取消旅游。

（三）会议期间的餐饮服务

餐饮服务是会议进行阶段服务中不可或缺的组成部分。就餐形式的合理安排有利于促进整个会议的顺利进行，有利于达到会议目标。会议期间的每一次宴会都为与会者提供了增加认识和了解的机会，所以会议餐饮就成为会议期间人们交往不可缺少的活动。

会议组织者在策划就餐形式时，从会议自助餐到大型宴会，都必须考虑最初的预算。在同酒店洽谈中，应该注意到餐饮服务的每一个环节，甚至包括选择菜单的定价，而且要与酒店餐饮部门反复磋商。例如餐厅的选用、场面气氛的控制、时间节奏的掌握、空间布局的安排、音乐的烘托、餐桌的摆放、台面的布置、餐具的配套、菜肴的搭配、菜肴的命名等都要紧紧围绕宴会主题来进行。

四、做好会议记录

（一）会议记录

1. 会议记录的格式。会议记录分为记录头部、记录主体、审阅签名三个部分。

2. 会议记录的要求。归纳起来主要有两个方面：一是速度要求，快速是对记录的基本要求。二是真实性要求，纪实性是会议记录的重要特征，确保真实是对记录稿的必然要求。

3. 会议记录的重点。在会议进行中，经常要进行许多讨论。会议记录并不是要逐字记录会议内容，一般只要记录讨论的要点即可。

会议记录应该突出的重点有：会议中心议题以及围绕中心议题展开的有关活动，会议讨论、争论的焦点及各方的主要观点，权威人士或代表人物的言论，会议开始时的定调性言论和结束前的总结性言论，会议已经决议的或议而未决的事项，对会议产生较大影响的其他言论或活动。

如果有必要，在会议进行中，可以借助录音设备对会议的内容进行录音，特别是决议或修正案，一定要一字不漏地进行录音，这样在会后整理记录时，可以有充分的依据，便于逐字修改。

要注意录音笔摆放的位置，不要离发言人太远，以免录入的声音太小；也不要离发言人太近，避免声音过大而不清楚。

会议录音需要在满足以下两个条件之后才可以进行：一是具有专用的设备，例如，录音笔或摄像机；二是得到会议组织者的允许。

（二）会议纪要

会议纪要是根据会议的主旨，用准确而精练的语言综合记述其要点的书面材料。它是在会议记录的基础上，分析、综合、提炼而成，用来概括反映会议精神和会议成果的文件。并非所有会议都要产生会议纪要。会议纪要有两个目的：一是让与会者带回去作为传达贯彻会议精神的依据；二是上报，使上级主管部门和有关单位了解会议的情况或予以转发。

1. 会议纪要的类型有两种：一是办会会议纪要，又称日常工作会议纪要；二是专项会议纪要，如各种各样的交流会、座谈会、研讨会的会议纪要。

2. 会议纪要的内容包括两个方面：一是会议情况简述；二是对会议主要精神的

阐释。

3. 会议纪要的撰写应该做到"纪实、纪要"。内容既忠实于实际,又集中概括、逻辑严密、条理清楚。

（三）新闻报道

根据会议的性质与目的,如果需要将会议的内容或精神宣传出去,秘书在会前就应该与新闻媒体记者联系好,邀请他们到会报道。

第四节 会后结束的会务工作

📖 **案例分析**

小杨为亿阳集团董事长办公室秘书,由董事长牵头组织的"房地产行业年度领军人物大会"今天在瑞景大酒店三楼宴会厅顺利召开。会议时间为上午9：00~12：00,本次会议共进行了四项议程。

问题：会议结束后秘书小杨需要做什么？

📖 **学习内容**

一场会议结束后,秘书人员必须要做好会议的善后和落实工作。其中包括送别会议代表、会场的善后工作、整理会议文件、会务总结与反馈四大部分。

一、送别会议代表

根据与会人员的要求,提前发放为其预订的回程票,结清会议费用,安排足够的车辆送站。

（一）结清会议费用

会议通知上一般均会提示与会人员参加会议时准备好会务费,会议结束后,会议主办方应该及时安排与会者结算会务费用,同时向交费者提供相关发票,以供与会者回单位后报销。此项工作往往在会议报到时完成。

（二）发放回程票,安排人员送站

会议结束时,应该通知与会人员到会务组领取代为预定的回程车（机）票,同时,提前安排车辆和人员根据与会人员离去时间组织送站。会议组织者应该根据车辆的承载量安排合适的车辆为与会人员送行。在送离与会客人时,应该提醒他们携带好个人物品,不要有遗落。这样既可以减少与会者匆忙回头寻找遗落物品的可能,又可以为自己省去保管遗落物品甚至邮寄的麻烦。如有必要,还可以安排有关领导或专人为与会者送行。有时,因工作需要,有些与会者必须暂时留下来,这就需要做好这些滞留与会人员的食宿安排。

二、会场的善后工作

会场的善后工作要做好结算、清理会场、归还会议所借物品、结算会议开支费用等工作。如果是内部会议，会议的善后工作就简单得多。如果是外借会场，则需要与租借方结算会议开支费用，归还会议所借物品，清理会场，将会场中公司自带的物品拿走，包括会标、通知牌和方向标志等物品。

（一）清理会场

1. 拿走通知牌和方向标志。在会议结束后，通知牌和方向标志失去了作用，应该及时拿走，恢复场地的原有模样。一次性的说明标志或通知牌应该予以销毁，对于可以重复利用的应该统计、归类、入库，以便下次使用。这样做有利于节约材料、资源，节省人力物力。

2. 清理会场内的其他物品。会议结束后，工作人员要注意清理会场，要撤去会场上布置的会标等宣传品，要把会议上使用的幻灯片、幕布、笔记本电脑、座签等东西收拾好。如果发现会场有遗失物品，要妥善保管并同失主联系。要认真打扫收拾会场，使其恢复原状。

会议结束后秘书首先要将所有资料进行整理、清点、归类，找出有用的资料，不能再利用的纸张要销毁。会议结束后的剩余文件要妥善清理，注意避免在无形中泄露单位机密。在清理文件时要根据文件的密级分类并及时销毁，这是会后秘书工作中很重要的一个环节，切不可麻痹大意。

3. 通知配电人员和服务人员。会场清理完毕后要通知配电人员切断会场不需使用的电源，关闭会场。

（二）归还所借物品

会议结束后，要及时归还从公司内部其他部门或其他单位借用的相关物品，归还前要检查是否完好，如果损坏就要按照约定予以赔偿。不需要赔偿的，归还时要特别说明或修好后再归还。

（三）结算会议开支费用

如果是外借的会场，会议结束后，秘书人员就应该及时与会场出租方结清会场的各项费用，主要包括会议室租借费、会议中借用设备的使用费、开会期间的其他相关费用等。

三、整理会议文件

（一）整理分发会议记录

将完成的会议记录，经会议主席确认后，按照单位规定发送给相关人员。分发会议记录时要以从上到下的准则发送，保证相关部门联系的完整性并要留有副本。分发到各部门后，要督促其学习会议精神并反馈信息，使领导部门及时了解到会议布置工作的落实情况。秘书的手中要留有分发记录的备份。

（二）形成大会决议、简报或纪要

根据会议主题、议题及会议记录，形成大会决议、简报或纪要，根据单位规定，发送至有关人员。

（三）写总结向上级汇报会议情况

将会议自筹备到结束的情况写成书面材料，向上级汇报。

（四）收全会议材料，汇编会议文件，并分类、立卷、归档

将会议自筹备到结束的所有文件、材料，包括文字材料、重要照片、录音录像、论文集等分类整理归档，以便核查及将来作为类似会议的参考。

会议上形成的领导讲话、工作报告和以红头文件形式颁发的文件都应该归档。尽管它们基本内容相同，但仍有区别，不能视为重复文件而剔除。

会议中的领导讲话，大多为"白头文件"，它是在会议准备过程中形成的，与会议通知、议程、工作报告、会议总结等组成成套会议材料，真实地记录了一个会议的全过程，反映了会议的基本情况，对日后的工作有一定的参考价值。领导讲话与其他会议材料之间存在着必然的联系，立卷时，应该将一个会议的材料组成一卷或几卷，保持其有机联系。

有些单位在召开会议之后，为了使会议的精神尽早落实，往往将会议中的重要材料——领导讲话、工作报告以红头文件的形式下发，并在颁发的通知中，对如何贯彻实施做一些具体的安排。这种文件，尽管其主要内容与会议材料完全相同，但它的重点是发通知，其中的内容反映会议以后的工作活动和实施过程，有一定的参考价值，应该属于归档范围。这类文件在立卷时，内容综合的文件一般与本单位的工作计划、工作总结组合在一起，内容单一的文件与相关的专题类文件组合在一起。

保存会议材料需要一定的空间和相应的管理工作，这两项工作都需要成本。一般的做法是保留所有的会议资料，但是最好根据将来用到的可能性合理取舍。

目前，汇编会议文件一般可以分为两种。一种是档案工作资料需要的汇编，这种汇编是将会议的所有文件，包括会议通知、会议名单和分组名单、会议须知、会议正式文件和参阅文件、会议简报、会议发言材料、领导讲话、会议总结等都收集起来，按照先后顺序装订成册，以备查考。这种汇编要求文件要全。另一种汇编是供学习用的，是将会议正式的报告、讲话要点等进行汇编。

日常工作会议文件，可以以时间（一年、半年）为单位，将这段时间内的同一类型会议文件、参考资料等按照顺序或专题汇编。

许多会议承办者都会保留会议资料，以便将来参考使用。例如，可以在以后的会

议中采用类似的程序，选择以前的服务提供商等。虽然承办者在以后会议中未必完全套用以前的做法，但是这些材料具有很高的参考价值。

四、会务总结与反馈

为了进一步提高会务的质量，会议结束后，应该对会务工作进行总结与评价。

（一）会务工作总结

会议结束后，秘书应当协助领导做好会务工作的总结。通过总结，发现问题、分析原因、总结经验，以便提高办会水平，为以后的会务工作打下基础。会务工作总结应当及时、全面、公正、客观与准确。

1. 会务工作总结的主要内容。

（1）检查会议预案所制定的各项会务工作是否准确到位，有无遗漏与重复之处。

（2）检查会务工作机构之间及与相关部门、单位的协调状况。

（3）检查每个会务工作人员的工作是否完成及完成的质量。

（4）总结进一步提高会议的效率与效益方法。

2. 会务工作总结的方法。

（1）会务工作人员会后进行个人书面小结。

（2）各会务工作部门或相关部门分别进行小组总结和相互评议。

（3）必要时进行大会交流、总结与表彰，以便起到激励与鼓励的作用。

（二）会后的信息反馈工作

会后信息反馈是将会议精神在传达、贯彻中产生的影响和结果或问题的信息向主办会议的领导机关作及时的汇报。秘书在会后应当协助领导做好这项工作。

1. 会后信息反馈的主要内容。

（1）下级单位传达学习和贯彻落实会议作出的决定、决议以及有关精神是否迅速及时。

（2）下级单位在贯彻落实会议精神方面有哪些经验。

（3）下级单位在贯彻落实会议决定、决议时遇到哪些困难和问题，以及这些困难和问题是什么原因造成的。

（4）会议作出的决定、决议是否需要进一步完善或调整。

2. 会后信息反馈的方法。

（1）通过电话向有关方面口头咨询，了解情况，然后向领导机关汇报。

（2）要求有关方面提交书面报告，经过秘书部门汇总整理后呈交领导机关。

（3）秘书部门派人深入有关单位实地检查和咨询，了解情况，写出调查报告呈交领导机关。

（4）经过领导批准，一些贯彻会议精神的好经验、好方法可以采用简报的形式予以推广。

📝 本章小结

本章主要介绍了会务工作，包括会前准备、会中服务、会后总结及善后工作。办理会议涉及秘书人员的"办文""办会""办事"这"三办"能力，考验秘书人员的秘书综合素养，是秘书的主要职责之一。

📝 实践训练

训练一

一、实训目标

通过训练让学生掌握会议通知的写作方法。

二、实训内容

某公司准备于 2019 年 12 月 28 日在所在地希尔顿酒店召开 2018 年度销售会议，于 2019 年 10 月 28 日发出会议通知，会期为一天，报到地点为希尔顿酒店大堂，请各地供货商参与，会务费自理。

请根据以上材料撰写一份会议通知。

三、实训要求

1. 要求格式规范，字数不限。

2. 教师对写完后的通知进行逐一点评，帮助学生掌握通知的写作方法。

训练二

一、实训目标

通过实训让学生学会会前的准备工作流程，重点掌握如何布置会场。

二、实训内容

某公司将于 2019 年 12 月 26 日召开本单位年度表彰大会，要求把表彰大会的会场布置好。

三、实训要求

1. 将学生分为 3~4 个小组，以小组为单位分别完成任务。

2. 需要使用的物品，学生需在课前准备或自己制作。

3. 完成后，每个小组推选一名同学上台讲解布置思路，然后教师逐一进行点评。

📝 课后作业

1. 了解会前准备工作流程是什么？

2. 了解会中服务工作流程是什么？

3. 了解会后总结工作流程是什么？

4. 自己设计一场会议，并思考在开会过程中秘书需要做哪些具体工作，包括会前、会中、会后的各项工作。

第 六 章

文书处理与档案管理

📖 学习目标

1. 了解文书处理的行文关系与方式。
2. 掌握文书处理的发文及收文程序。
3. 掌握档案管理的方法。

第一节　文书处理的基本知识

📖 案例分析

中文系毕业生小张在校期间是出名的才女，曾主持学生诗社、领导校广播站、独自创办校园文学刊物。大学毕业后，小张应聘到一家外资公司做了总裁秘书。

满怀抱负的小张来到工作岗位，准备一展才华，确立自己全新的职场形象。然而上班第一周，小张的工作除了分拣邮件、打印文件，就是整理文档。第二周，主任给了小张一摞文件，让她回去认真研究。小张看过后，发现这些文件上的文字毫无文采，大多是乏味的数字、调研信息等。小张想到以后每天都要与这些东西打交道，心中不免有些失望。

问题：如果你是小张，你认为在实际工作中需要掌握哪些知识？

📖 学习内容

文书处理是文书工作中的重要环节，是对工作中产生的各种类型的文件进行收文和发文的处理并立卷、归档等，使一些有关联的文件衔接有序，便于管理和查找。

一、文书处理的含义

"文书"是一个整体概念。文书一词，在公务活动以及日常生活中使用较为普遍。它可以作为所有文件材料的总称，既可以指公文文书，也可以指私人文书，是一个整体概念。

"文件"是指人们在社会管理、交往和科学技术、文化艺术以及其他实践活动中自然形成的文字信息及其物质载体构成的结合体。从广义上说，它和文书一样，既可指公文文件，也可指私人文件，有时也可以指文件材料的总称。通俗地讲，文件在书面范畴是指公文、信件及有关政治、时事、学术研究等方面的文章。

"公文"是公务文书的简称。公文一词的特定范围很清楚，是指机关单位进行公务活动而形成的文件材料。

文书处理又称文件处理、文书工作、公文处理、文件管理，是国家机关或社会组织制作、传递、使用、保存或销毁文件等行为的总称，是行政管理的重要组成部分。文书处理工作是一个纷繁复杂的系统工作，整个过程是一环套一环、一扣跟一扣的，无论哪个环节出了问题，都将影响整个文书工作的运转。所以它具有系统性，是一个相互关联、衔接有序的整体，其质量与效率对国家机关或其他组织的工作成效有直接影响。

二、文书的分类

按照不同标准，文书可以有多种分类方法。一般可以将文书划分为事务文书、经济文书、文教科技文书、涉外文书、礼仪文书、新闻宣传文书等，也有将文书分成公务文书类（如公告、通知、命令等）、事务文书类（如计划、总结、调查报告、会议记录等）和交际文书类（如请柬、交际函等）的。在党和国家的行政单位以及行文要求规范的组织中，文书一般应按照以下方法分类：

（一）按行文关系分类

1. 上行文。在垂直的领导系统中，下级机关向上级机关呈报的公文就是上行文。上行文有报告、请示两种。有逐级上行文和越级上行文。

2. 下行文。上级机关向下级机关发送的公文就是下行文。有逐级下行文和多级下行文。

3. 平行文。是指没有领导或指导关系的机关之间，即不相隶属的机关或平级之间往来的公文。

（二）按制文机关分类

1. 党政机关公文。《党政机关公文处理工作条例》规定，党政公文有15种，具体包括：决议、决定、命令（令）、公报、公告、通告、意见、通知、通报、报告、请示、批复、议案、函、纪要。

2. 法规文件。即国家权力机关和行政机关制定和颁布的法律、法令和行政法规，如条例、规定、规则、办法、细则、守则、制度等。

3. 外交文件。即外事活动中专门使用的文件。主要有国书、议定书、照会、备忘录、护照、条约等。

4. 司法文书。即公安、检察院、法院等机关和部门，在依法处理各类案件中产生、使用的文字材料。主要有立案报告、破案报告、通缉令、提请批准逮捕书、起诉意见书、撤销案件报告、起诉书、公诉书、各种笔录、开庭通知书、判决书、抗诉书、调解书等。

5. 计划文件。即由各级政府提请权力机关审查批准的经济与社会发展计划、财务预决算方案等。

6. 军事文件。亦称军用文件，是军队内部以及与军外往来所使用的文字材料，主要有命令、通令、指示、通知、布告、请示、报告等。

（三）按性质作用分类

1. 指令性公文。即国家和地方领导机关、组织中的上级单位发布的具有领导性、指挥性和对下级进行工作指导所使用的文书。这类文书一般都具有一定约束力，主要用于阐明工作原则、方法和措施，提出具体的工作目标等。

2. 知照性公文。即上级机关向下级机关或者人民群众、有关人员告知某些事项、传递某些信息或者应当遵守的事项使用的公文。这类文种有些可以登报、广播和张贴，如公告和通告。

3. 报请性公文。即下级机关向上级机关汇报工作、反映情况、提出意见或建议、答复询问、请求指示或批准时使用的公文。主要文种有报告、请示以及一些含有请求批准事项的函和议案。

4. 法规性公文。即对党的章程、国家的法律、政策及企事业单位的有关规定的阐发或扩展，内容具有较强的权威性与约束力的公文。

以上划分只是大致对文书进行归类，由于一份文件涉及的内容多样，往往可以将它们归入两种或两种以上不同的类别。

三、文书处理的基本原则

2019 年 4 月 16 日中办发的《党政机关公文处理工作条例》第一章第 5 条提出"公文处理工作应当坚持实事求是、准确规范、精简高效、安全保密的原则"。

（一）实事求是

是指从实际对象出发，探求事物的内部联系及其发展的规律性，认识事物的本质。通常指按照事物的实际情况办事。坚持实事求是才能正确地认识和反映客观世界，要敢于坚持真理，批判错误，唯实不唯上，追本溯源，不问道于盲；坚持实事求是，就要求秘书在办文办会办事、信息调研、督查落实、辅助决策中尊重客观事实，如实反映情况，有喜报喜、有忧报忧，不夸大也不缩小，不弄虚作假，更不欺上瞒下，力戒工作的片面性和主观性。实事求是对秘书来讲，是一种神圣的社会责任感。只有当一个人清醒地认识到不实事求是的严重社会危害，才能把实事求是作为自己在社会实践中的自觉追求，培养自己坚持实事求是的良好道德品质和科学态度。秘书应当一方面加强理论学习和实践锻炼，不断总结经验教训，掌握坚持实事求是的方式和方法；另一方面需要从点滴做起，无论认识和处理任何问题，都一丝不苟地坚持实事求是的原则，这样长期坚持下去，就会"习惯成自然"。

（二）准确规范

把握文书处理中准确规范的原则，是保证公文处理质量的最基本要求。准确指文书处理工作要稳妥可靠，不出任何差错。准确把握文意，确保文书效力；准确使用文种，确保文书严谨；准确传递文书，确保文书时效；准确拟办文书，确保领导工作效率；准确整理文档，确保文书后续工作。规范，是指文书从拟制、收文、发文到文书管理等一系列环节，都应当符合相关要求和统一规范。比如公文格式要求符合公文的规范格式，公文的收文要按规定的工作程序办理等。准确规范是文书处理工作的生命线，无论是拟文，还是办文，都要切实把好文书质量关，强化责任意识和质量意识。

（三）精简高效

精简是对文书工作的数量要求，主要指控制发文数量，克服官僚主义、文牍主义和形式主义。公文虽然是行政工作不可缺少的工具，但它也不是万能的。行文过多不仅无益，反而有害，容易使各级领导陷入"文山"，成天批阅文件，无法深入实际，从而助长官僚作风；同时也使大批机关工作人员把主要精力用于撰写、传递文件，闭门造车，纸上谈兵，从而助长文牍主义；也使一些领导干部把发文件作为唯一的工作手段，产生不发文件不重视、不加"红头"不正规、不转发文件担责任的错误观点，从而助长了凡事必发文的形式主义。由此可见在文书工作中力求精简，具有十分重大的意义。秘书必须坚持精简原则，注重实效，严格把好行文关、审核关，凡是可发可不发的公文一定不发，可长可短的公文一律简短。

随着工作节奏不断加快，信息海量增长，工作任务不断加重，公文处理量也急剧增加，对办文质量和效率提出了更高要求。对此，一是要精简，减少不必要的发文，简化发文程序，缩短发文篇幅，以求效率的提高；二是要强调公文管理规范有序，着力控制办文过程，加快文件流转速度，提高办文效率。在文件处理过程中，按照工作的轻重缓急，坚持紧急公文跟踪催办，重要公文重点催办，一般公文定期催办，尽力按照公文办理效率依据急件急办的原则，对公文认真审核和选择，确定急件范围，区分急件类型，规范急件办理程序。对凡是确认为急件的文件，都严格按急件办理程序办理。落实专人负责急件的处理规定，实行全过程控制，确保急件及时办理。

（四）安全保密

安全保密是文书处理工作的底线，文书在拟制、办理、管理的每一个环节，都涉及安全保密问题。任何环节出问题，都会造成严重的后果，给党和国家带来巨大损失。

因此文书处理活动中，应当牢固地树立保密观念，严格执行保密法规，严守党和国家及团体关于安全保密的规定。《党政机关公文处理工作条例》中有明确、细致的规定："公文确定密级前，应当按照拟定的密级先行采取保密措施。确定密级后，应当按照所定密级严格管理。绝密级公文应当由专人管理。""涉密公文应当通过机要交通、邮政机要通信、城市机要文件交换站或者收发件机关机要收发人员进行传递，通过密码电报或者符合国家保密规定的计算机信息系统进行传输。""设立党委（党组）的县级以上单位应当建立机要保密室和机要阅文室，并按照有关保密规定配备工作人员和必要的安全保密设施设备。""复制、汇编机密级、秘密级公文，应当符合有关规定并经本机关负责人批准。绝密级公文一般不得复制、汇编，确有工作需要的，应当经发文机关或者其上级机关批准。复制、汇编的公文视同原件管理。""涉密公文应当按照发文机关的要求和有关规定进行清退或者销毁。""销毁涉密公文必须严格按照有关规定履行审批登记手续，确保不丢失、不漏销。个人不得私自销毁、留存涉密公文。"因此，公文处理工作，一定要做到确保文书不丢失，不被窃，不损毁，不失密泄密。

四、文书处理的内容

文书处理的基本任务是准确、及时、安全地处理各类公文，当好领导的参谋和助手。文书处理的内容主要有以下几方面：

（一）公文拟制

包括起草、审核、签发等程序。

（二）发文处理

包括文书的复核、登记、印制、核发等工作。

（三）收文处理

包括收进文书的签收、登记、初审、承办、传阅、催办、答复等工作。

（四）文书管理

包括文书的日常管理和文书的立卷与归档工作。立卷是指已经办理完毕的公文，根据其相互联系、特征和保存价值分类组成案卷的整理过程。公文立卷能保持文件之间的历史联系，便于公文的日后查找和利用，保证公文的安全性和完整性。归档是指机关文书部门或业务部门将处理完毕的文件整理立卷，定期移交给档案部门集中保存的过程。

（五）文书保密

负责文书保密的宣传、教育和检查，特别是"三密"文件的登记、保管、清退和销毁等工作。

五、文书处理的工作要求

(一) 及时

及时是对文书处理工作的效率要求，也是文书处理工作特性的具体体现。及时并不等于迅速，从文书工作的总体上讲，及时的原则要求应根据所要处理文件内容的轻重缓急进行处理，有些文件收到就处理是及时，有些文件搁置几天再处理也是及时。因此，及时处理文件，关键是做到不积压、不拖延、不误时、不误事。为此，首先，必须明确办文的时限，即规定每个具体文书处理工作环节的时间，以确保文书工作的整体效率；其次，要简化办文手续和难度，如提倡"报刊行文""网上行文"等；最后，要采用现代化的办公手段，以加快办文的速度。

(二) 准确

准确是对文书处理工作的质量要求，是文书处理工作的基础。保证文书及文书工作的质量，关系到文书效用的正常发挥，甚至关系到国家及社会组织的根本利益。作为文书处理工作的要求，准确既包括文书本身的质量，也包括文书处理程序各环节的质量。首先，在文书的拟制过程中，要求严格执行党和国家的法律法规和政策，做到观点正确，格式规范，用语确切；其次，在文书处理过程中要体现严肃、认真的工作作风，做到程序完整，手续齐全，运转到位；最后，为确保文书与文书处理工作的准确，要建立健全文书处理工作的规则，合理设计文书处理程序，提高秘书的素质，改进秘书的工作作风。

(三) 安全

安全是对文书处理工作的管理要求。维护文书处理工作的安全，首先，要保证文件内容的安全，特别是一些涉及国家机密的文件，要严格遵守《保密法》的有关规定，建立完善的拟制、处理和运转管理制度，消除和防范不安全因素，尤应注意在计算机和网络环境中保证公文内容不被窃取、篡改或损毁。其次，要保证文书实体的安全。包括使用比较耐久的字迹材料和合乎要求的载体材料，减少文书的各种人为或自然损坏因素，注意防火、防潮、防虫蛀、防丢失，确保文件安全。

(四) 统一

统一是对文书处理工作的组织要求。文书处理工作的统一，一是要实行统一领导，一般由办公室及其秘书部门统一领导和管理机关的文书工作；二是执行统一的公文处理制度，以实现公文处理的规范化、制度化和科学化；三是建立统一的公文处理渠道，应由公文处理部门或公文处理人员统一负责文件的收发、分办、拟办、核稿、用印、整理和销毁等；四是实行统一的公文格式。

第二节　文书的撰写与编辑

案例分析

　　某大学学生王某周末与同学一起去公园游玩，碰到一个小朋友玩水不小心掉入公园的湖中，王某立刻跳进湖里把小朋友救了上来。某大学学生处知道这件事情以后要对王某进行表彰，于是学生处要求工作人员小张拟写一份表彰通知，小张接到任务以后就着手拟写关于王某的表彰通知，写好以后交给了学生处领导过目。学生处领导对通知进行了格式和内容等方面的修改，并最终同意签发，小张按照领导要求开始着手正式打印。

　　问题：通知的格式要求是什么？

学习内容

一、文书的撰写

　　公务文书与一般的文章不同，其撰写和编辑有特定要求。秘书办理的文书以应用文为主，其文体兼有议论文、说明文、记叙文的一般特点，对结构也有一定要求。

　　（一）文书的用语

　　文书用语要注意规范化、专业化，要符合现代汉语规范。一些方言、口语、不正规的名词、简称、字符不要出现在文书中。文书在使用过程中形成了许多习惯用语，秘书应熟悉和掌握这些用语，并在写作中加以运用，增加文书的专业性和规范性。

　　1. 开头用语。用于说明发文缘由、意义、根据，或介绍背景材料及情况等的用语。一般可以用：为、为了、根据、按照、依照、遵照、鉴于、由于、目前、当前、兹（现在）、兹有、兹将、兹派……

　　2. 承启用语。文书中用于连接开头与主体部分，或者是各部分之间连接的用语。一般可以用：根据……现决定；根据……特通告如下；依据…公告如下；为了……现决定；为……通报如下；为此……现就……问题请示如下；现将……报告如下；现就……问题，提出如下意见；经……批准，现将有关事项通知如下；拟采取如下措施；经……研究，答复如下；等等。

　　3. 引述用语。文书中如需要引用原文或其他文书中的内容，可以使用引述用语，如：悉、收悉、敬悉、欣悉等。

　　4. 称谓用语。文书中如提到不同的称谓，可以用：我、贵、你、本、该等，如"贵公司""本单位"等。

5. 经办用语。文书中涉及事情经办时，可以用：经、业经、兹经、未经、拟、拟办、拟定、施行、暂行、试行、可行、参照执行、审定、审批等。

6. 表态用语。文书如需要对具体问题进行表态，可以用：同意、不同意、原则同意、可、不可、照办、望协助办理、尽快见复等。

7. 结尾用语。文书的结尾部分应使用规范的结尾用语。

请示可用：当否，请批示；如无不妥，请批转各地执行；以上意见如无不妥，请批准为荷；妥否，请批复等。

函可用：请研究后函复；请予函复；不知尊意如何，盼函告；望尽快办理，并尽快见复；盼复等。

报告可用：特此报告，请审阅；请指正等。

批复、复函可用：此复；特此批复；特此专复等。

知照性公文可用：特此公告；特此通告；特此通知等。

（二）文书中数字的用法

目前文书中的数字使用时随意性较大，不仅显得混乱，而且容易造成歧义，影响工作的正常开展，文书中数字的运用应遵循以下规则进行：

1. 使用阿拉伯数字。

（1）统计表中的数值必须使用阿拉伯数字。

（2）文中公历世纪、年代、年、月、日以及时间中的时、分、秒要求使用阿拉伯数字。

（3）物理量的值必须用阿拉伯数字，并正确使用法定计量单位。

（4）非物理量一般情况下应使用阿拉伯数字。

2. 使用汉字。

（1）定型的词、词组、成语、惯用语、缩略语或具有修辞色彩的词语中作为语素的数字，必须使用汉字。

（2）中国干支纪年和夏历月日要求使用汉字。这类纪年不应与公历月日混用，并应采用阿拉伯数字括注公历。如：秦文公四十四年（公元前 722 年）；含有月日简称表示时间、节日和其他意义的词组，如果涉及一月、十一月、十二月，应用间隔号"·"将表示月和日的数字隔开，并外加引号，避免歧义。涉及其他月份时，不用间隔号。是否使用引号，视事件的知名度而定。如"一二·九"运动（12 月 9 日），又如五四运动、"三一五"行动。

（3）相邻的两个数字并列表示概数，必须使用汉字，连用的两个数字之间不得用顿号隔开。如十二三岁、一两个小时等。

二、文书的字体与字号

（一）文书字体

文书的字体分为汉字字体、外文字体和数码字体三种。

1. 汉字字体。常用的有宋体、黑体、楷体和仿宋体四类，此外，还有幼圆体、扁黑体、隶书体等。秘书在公文写作中常用的有黑体、宋体和仿宋体，艺术性强的字体不适宜在正式公文中使用。

2. 外文字体。常用的有白正体、白斜体、黑正体、黑斜体，此外还有手写体、花体等。公务文书中常用的外文字体是白正体。

3. 数码字体。常用的数码字体为阿拉伯数码，有白正体、黑正体、白斜体和黑斜体等。此外还有各式圈码（如阳码、阴码）及角码（如上角码、下角码）等。公务文书中常用的数码字体是白正体。

（二）文书字号

文书的字号可以分号数制、点数制、级数制三种。

1. 号数制。号数制是用以计算字面大小的制度，常用的有 11 种：初号、小初号、1 号、2 号、3 号、4 号、小 4 号、5 号、小 5 号、6 号、7 号等。可按字号之边长，能计算出倍数的关系分类，如初、2、5、7 号，1、4 号，3、6、8 号的边长均成倍数关系，可为计算、变换字号提供方便。

2. 点数制。点数制是照排计算字面大小的制度，以"点"数多少区别字面的大小。

3. 级数制。级数制是照排计算字面大小的制度，以"级"数多少区别字面的大小。

三、文书的排印

文书的排印是秘书的一项基本功。文书撰写、修改、定稿以后，为了让读者更好地阅读和了解文书的内容，往往通过排版来达到醒目、美观、清晰的目的。公文对文面格式有严格的规定，以下以公文为例，介绍格式的排印。

（一）公文用纸及版面尺寸

按《党政机关公文格式》规定：公文用纸一般使用纸张定量为 $60 \mathrm{g/m^2} \sim 80 \mathrm{g/m^2}$ 的胶版印刷纸或复印纸。纸张白度为 $85\% \sim 90\%$，横向耐折度 ≥ 15 次，不透明度 $\geq 85\%$，PH 值为 $7.5 \sim 9.5$。

公文用纸幅面尺寸：公文用纸采用国际标准 A4 型纸，其成品幅面尺寸为：210mm×297mm。

公文页边与版心尺寸：公文用纸天头（上白边）为 37mm±1mm；公文用纸订口

（左白边）为 28mm±1mm。版心尺寸为：156mm×225mm（不含页码）。

公文中图文的颜色为黑色（有特殊说明除外）。

（二）排版规格与印制装订要求

排版规格（页面设置）：正文用 3 号仿宋体字，一般每面排 28 行，每行排 28 个字。

装订要求：公文应左侧装订，不掉页，不脱落，后背平整、不空。

为保证公文的严肃性和规范性，一般不得随意改换字体和字号，或者同一篇文书中采用几种字体。公文文字从左至右横写、横排。

（三）公文的文面内容排版规范

1. 份号。如需标注份号，用 6 位 3 号阿拉伯数字，顶格编排在版心左上角第一行。

2. 秘密等级和保密期限。如需标识秘密等级，用 3 号黑体字，顶格标识在版心左上角第 2 行，两字之间空 1 字；如需同时标识秘密等级和保密期限，秘密等级及保密期限之间用"★"隔开。

3. 紧急程度。如需标识紧急程度，用 3 号黑体字，顶格标识在版心左上角第 3 行，两字之间空 1 字；如需同时标识份号、秘密等级与紧急程度，按照份号、秘密等级和紧急程度的顺序自上而下排列。

4. 发文机关标志。发文机关标志由发文机关全称或规范化简称后加"文件"组成；对一些特定的公文可只标识发文机关全称或规范化简称。发文机关标志上边缘至版心上边缘为 35mm。发文机关标志推荐使用小标宋体字，用红色标识。字号由发文机关以醒目美观为原则酌定，但是最大不能等于或大于 22mm~25mm。

联合行文时应使主办机关名称在前，"文件"二字置于发文机关名称右侧，上下居中排布；如联合行文机关过多，应保证公文首页显示正文。

5. 发文字号。发文字号由发文机关代字、年份和序号组成。发文机关标志下空 2 行，用 3 号仿宋体字，居中排布；年份、序号用阿拉伯数码标识；年份应标全称，用六角括号〔 〕括入；序号不编虚位（即 1 不编为 001），不加"第"字，在阿拉伯数字后加"号"字。上行文的发文字号居左空 1 字编排，与最后一个签发人姓名处在同一行。

6. 红色分隔线。发文字号之下 4mm 处印一条与版心等宽的红色分隔线。

7. 签发人。上报的公文需标识签发人姓名，平行排列于发文字号右侧。发文字号居左空 1 字，签发人姓名居右空 1 字；"签发人"三字用 3 号仿宋字，签发人姓名用 3 号楷体字。签发人后标全角冒号。如有多个签发人，每行排两个姓名。主办单位签发人姓名置于第一位，其他签发人姓名从第二位起在主办单位签发人姓名之下按发文机关顺序依次顺排，下移红色分隔线，应使发文字号与最后一个签发人姓名处在同一行并使红色分隔线与之的距离为 4mm。

8. 公文标题。红色分隔线下空 2 行，用 2 号小标宋体字，可分一行或多行居中排布；回行时，要做到词意完整，排列对称，间距恰当。

9. 主送机关。标题下空 1 行，左侧顶格用 3 号仿宋体字标识，回行时仍顶格；最后一个主送机关名称后标全角冒号。如主送机关名称过多而使公文首页不能显示正文时，应将主送机关名称移至版记中的抄送之上，标识方法同抄送。

10. 正文。公文首页必须显示正文。一般用 3 号仿宋体字，编排于主送机关名称下一行。

11. 附件说明。公文如有附件，在正文下空 1 行左空 2 字用 3 号仿宋体字标识"附件"，后标全角冒号和名称。多份附件应使用阿拉伯数码标序号（如"附件：1.××××"）；附件名称后不加标点符号。

12. 附件。附件应与公文正文一起装订，并在附件左上角第 1 行顶格标识"附件"，有序号时标识序号，附件的序号和名称前后标识应一致。如附件与公文正文不能一起装订，就在附件左上角第 1 行顶格标识公文的发文字号并在其后标识"附件"二字及附件顺序号。

13. 发文机关署名、成文日期和印章。成文日期一般右空 4 字编排，印章用红色。

发文机关署名一般在成文日期之上，以成文日期为准居中编排，印章端正、居中下压发文机关署名和成文日期。

联合行文时，应当先编排主办机关署名，其余发文机关署名依次向下编排。并将印章一一对应、端正、居中，最后一个印章端正、居中下压发文机关署名和成文日期。印章之间要排列整齐，互不相交或相切。

党政机关有特定发文机关标志的普发性公文可以不加盖印章。

成文日期中的数字用阿拉伯数字将年、月、日标全，年份应标全称，月、日不编虚位（即 1 不编为 01）。

当公文排版后所剩空白处不能容下印章或签发人签名章、成文日期时，可以采取调整行距、字距的办法解决。

14. 附注。公文如有附注，用 3 号仿宋体字，居左空 2 字加圆括号标识在成文时间下一行。

15. 抄送机关。公文如有抄送，在印发机关之上一行，左空 1 字，用 4 号仿宋体字标识"抄送"，后标全角冒号；抄送机关间用顿号隔开，回行时与冒号后的抄送机关对齐；在最后一个抄送机关后标句号。

16. 印发机关和印发时间。印发机关和印发时间位于抄送机关之下（无抄送机关则在版心中的首条分隔线之下），占 1 行位置，用 4 号仿宋体字。印发机关左空 1 字，印发时间右空 1 字。印发时间以公文付印的日期为准，用阿拉伯数码标识。

17. 版心中的分隔线。版心中的分隔线与版心等宽，首条线和末条线用粗线，中间线用细线。

18. 页码。页码用 4 号半角宋体阿拉伯数码标识，置于版心下边缘之下一行，数码左右各放一条 4 号一字线，一字线距版心下边缘 7mm。单页码居右空 1 字，双页码居左空 1 字。空白页不标识页码。公文的附件与正文一起装订时，页码应当连续编排。

（四）公文中的表格排版规范

公文如需附表，横排 A4 纸型表格应将页码放在横表的左侧，单页码置于表的左下角，双页码置于表的左上角，单页码表头在订口一边，双页码表头在切口一边。公文如需附 A3 纸型表格，且当最后一页为 A3 纸型表格时，封三、封四（可放分送，不放页码）应为空白，将 A3 纸型表格贴在封三前，不应贴在文件最后一页（封四）上。

（五）特殊情况说明

当公文排版后所剩空白处不能容下印章位置时，应采取调整行距、字距的措施加以解决，务必使印章与正文同处一面。不可采取标识"此页无正文"的方法解决。

第三节 收文处理

📝 案例分析

秘书小王刚开始做文书处理工作时，对文书处理的手续掌握不严，文件的传、借全无记载。因此，工作不到三个月的时间，就有两次调不出文件来，影响了工作。这使她认识到，文书处理工作是一项重要和细致的工作，要求从业人员具备一定的业务水平和办事能力；同时，要建立并严格执行文书处理制度，以保证工作质量。于是，她采取了一系列的措施：

首先，固定文书处理人员。由他们负责文件的工作，并专门设一个监管人员负责把关。

其次，建立了责任制。简化手续，只用收文簿和借阅卡片 2 种。具体做法是：来文在收文簿上登记，传阅文件交给该处室管理人，并在此簿上让收文人签字，并注明"已办"。借阅文件都要卡片。另外，建立时间制度。规定时间传、借文件，文件收回后，一般是即时归档，文件归档后，在收文簿上写"存"。

在各方面的协作努力下，秘书小王出色地完成了文书处理工作任务。

问题：如果你是秘书小王，你会如何设置文书处理流程？

📝 学习内容

收文，是指收进外部送达本机关、单位的公务文书和材料，包括文件、信函、内部刊物、资料等。收文处理是指对来自本组织外部的公文等所实施的处置与管理。收文处理的一般过程与工作要求如下。

一、收受与分流阶段

（一）签收

签收是指机关设置的收发人员、通信人员从发文机关、邮政部门、机要通信部门、文件交换站，或通过自备通信设备收取公文后，按规定履行的确认、清点、核对、检查、签注手续。签收是收文办理的第一道程序，其作用，一是为明确交接双方的责任提供一种凭证，二是为了保证文件运行安全。

（二）登记

即由收发人员在完成签收工作后，对收文情况作出简要记载。登记的形式主要有簿式、卡片式、联单式三种。登记时应注意：收文与发文，平件、密件与急件一般应分别进行；分清轻重缓急，急件随到随登，平件分批登，但也应当日到当日登；登记序号应不留空号，不出重号；字迹工整、不滥用简称；所有登录项目都应完整准确；对于无标题文件应代为拟出简明、确切的标题。

二、办理收文阶段

（一）初审

由部门负责人或有关具体工作人员经过对公文认真的阅读分析，提出建议性的处置意见的工作程序。初审的重点是：看收文是否应当由本机关办理；看收文是否符合行文规则，文种、格式是否符合要求；看收文涉及其他地区或者部门职权范围内的事项是否已经协商、会签；看收文是否符合公文起草的其他要求。如不符合规定，应当及时退回来文单位并说明理由。

（二）承办

承办是文书处理人员办理收文的具体实施阶段。对于收文中的阅知性公文，文书处理人员应当根据公文内容、要求和工作需要确定范围后及时分送。对于收文中的批办性公文，文书处理人员应当提出拟办意见，然后报本机关负责人批示或者转有关部门进行办理；如需两个以上部门办理的，应当明确主办部门。对于紧急公文，应当明确办理时限。承办部门对交办的公文应当及时办理，有明确办理时限要求的公文，应当在规定时限内办理完毕。

三、组织传阅与催办阶段

（一）传阅

指独份或份数很少的公文需经多部门或多位工作人员阅知处理时，使公文在他们中间得到有效传递、阅知或者批示。在组织传阅时应注意：选择合理的传阅路线形式；

正确排序，随情况变化做适当调整；适当分流，如复制若干副本；积极利用并发展多种传阅形式，如开辟阅文室、召集阅文者集中阅文、利用现代化手段传阅文件等；建立传阅登记手续；及时检查阅读情况，有效落实有关领导者阅后的批示。

（二）催办

由公文处理机构根据承办时限和其他有关要求对公文承办过程实施的催促检查。

（三）答复

公文的办理结果应当及时答复来文单位，并根据需要告知相关单位。

四、处置办结公文阶段

这一阶段包括立卷归档、清退、暂存、销毁等规定程序。

第四节 发文处理

📝 **案例分析** ⌐

某公司为了更好地开展业务，在公司办公会议上决定召开下一年度订货会议，并责成市场部负责此工作。

市场部经理会后立即着手安排有关工作，要求办公室秘书小王起草有关文件。经理经过与有关方面联系，确定了会议的有关事项，向小王布置工作：2018 年 12 月 20 日前发出 2019 年订货函，会期 2 天，2019 年 1 月 4 日报到，报到地点在某酒店会客厅，请各地供销商前来参加会议，会务费自理，并要求小王拟写一份函，告知有关事项。

秘书小王将经理的话全部记录下来，回到自己的座位上，立即开始拟写函。完成了文稿初稿的撰写工作后，小王将函写在统一的发文稿纸上，交给市场部经理审核。经理对函的内容、要求、文字表达等方面进行了审核和修改，并签了字。小王将修改后的审核稿交给公司副总签发，副总看过后签字同意发出。

领导签发之后小王对文件进行了注发编号，将编号写在发文稿纸的相应栏内，打印出 300 份。同时又重新对函审核了一遍，确认无误后，打印制成正稿。小王同时对打印好的正稿逐一加盖单位公章，又将发放的文件在发文登记簿上填写好内容，分别将每份函用信封装好，封上口，通过快递分发给各地的供销商，同时还保留了一份函便于归档。

问题：发文的程序有哪些？

📝 **学习内容** ⌐

发文处理是对本组织的公文实施的处置与管理。发文处理的一般过程与工作要求如下。

一、文稿的形成阶段

（一）起草

起草指撰拟文件文稿。起草的要求具体来讲，就是在内容上要与机关的职权范围相一致，符合国家的法律、法规及其他相关规定，符合公务活动的客观规律，材料情况要真实，观点要统一，重点内容要突出；要做到结构合理、层次清楚、用词准确、语言庄重平实、用语符合语法、论理合乎逻辑；在形式上要符合公文体式，篇幅要简短，切忌冗长杂乱。内容如涉及其他地区或部门职权范围内事项，必须征求相关地区或部门意见。对于重要公文起草，负责人应主持和指导。

（二）审核

审核是指拟就的文稿在送交有关领导签发或会议讨论通过之前，由部门负责人或经验丰富、水平较高的秘书人员对文稿所做的全面核查工作。

审核的重点是：①看行文理由是否充分，行文依据是否准确。②看内容是否符合党的理论、路线、方针政策和国家法律法规，是否完整准确体现发文机关意图；是否同现行有关公文相衔接；所提政策措施和办法是否切实可行。③看涉及有关地区或者部门职权范围内的事项是否经过充分协商并达成一致意见。④看文种是否正确，格式是否规范；人名、地名、时间、数字、段落顺序、引文等是否准确；文字、数字、计量单位和标点符号等用法是否规范。

除此之外，发文机关办公厅（室）还要审核以下内容：看是否需要行文，是否具备行文条件，发文名义是否合适，有无错用；看行文方向是否准确，有无多头主送、滥抄滥报、违制越级行文等现象，公文能否对受文者产生预计的影响；看公文内容是否真实准确、明确具体、界线清楚、前后一致、切实可行、详略得当；看文体是否正确，结构是否齐全完整；看语言表达是否简明、得体、有条理，是否合乎语法、逻辑，是否准确，易于理解，没有歧义；看标点是否正确，字迹是否工整、清晰、规范；看公文是否经过一定会议讨论通过，是否经过会商，是否需要上报。

（三）签发

签发指由机关领导人或被授予专门权限的部门负责人对文稿终审核准之后，批注正式定稿和发出意见并签注姓名、日期的活动。

《党政机关公文处理工作条例》第 22 条规定："公文应当经本机关负责人审批签发。重要公文和上行文由机关主要负责人签发。党委、政府的办公厅（室）根据党委、政府授权制发的公文，由受权机关主要负责人签发或者按照有关规定签发。签发人签发公文，应当签署意见、姓名和完整日期；圈阅或者签名的，视为同意。联合发文由所有联署机关的负责人会签。"

签发根据签发人的身份、地位及工作程序的不同，可分为：

正签——签发人在自身法定职权范围内签发公文。

代签——根据授权代他人签发公文。

核签——又称加签，指上级领导人签发下级机关或部门的重要公文。

会签——两个或两个以上机关行文时，由各机关的领导人共同签发公文。

签发工作必须做到：不得越权签发公文；必须先核后签；联合行文各方均应履行签发手续。联合行文时，必须做好会签工作，使各机关或部门领导人均履行签发手续；签发内容应完整。必须在发文稿纸相应栏目内批注定稿及发出意见（如"发""急发"等）并签注完整的姓名与日期。如为代签应标注"代签"字样。

（四）复核

复核是指经发文机关负责人签批的公文，印发前对公文的审批手续、内容、文种、格式等进行复核；需作实质性修改的，报原签发人复审的工作过程。

（五）登记

登记是对复核后的公文，确定发文字号、分送范围和印制份数并详细记载的工作过程。

二、文稿的制作阶段

（一）印制

印制是指以誊录抄写、印刷等方式制作公文的过程。公文印制必须确保质量和时效。涉密公文应当在符合保密要求的场所印制。

印毕的公文须加盖发文机关的印章，或请有关领导者在公文正本上签注姓名，以表明公文的正式性质和法定效力。用印时应当注意：

第一，原则上以谁的名义制发公文，就用谁的印章。必要时可为下级机关的公文代章。代章时应标明"（代章）"字样。公文业务性强，仅涉及某一项专项职责时，可用专用章。

第二，用印前须履行批准手续，不经规定领导者签发的公文一律不予用印。

第三，用印次数，以领导者批准印发的份数或常规规定的份数为准，不得随意增加。

第四，印章及供拼装在印版上使用的印模须保管在文书部门专人手中，使用时须由其监印，用毕迅速退回。以照相、静电复印制成的印模用毕应尽快返回文书部门或就地监销。

第五，印章应盖在成文日期上方，并注意上不压正文、下压日期。应使用质量较好的印泥作为字迹材料，除专用章外，印泥应为红色。印迹必须端正、清晰、完整。

第六，用印情况须做正式记录。

小提醒

用印时的注意事项如下：

未经签发或不同意发出的文件不得用印。

以机关或单位名义发文的，或授权由秘书长和办公厅（室）主任签发的公文，应该加盖机关或单位公章；以部门名义发文的应该加盖部门印章。

用印的位置应该"上大下小，骑年盖月"。

（二）核发

核发是指公文印制完毕，对公文的文字、格式和印制质量进行检查后分发的工作过程。涉密公文通过机要交通、邮政机要通信、城市机要文件交换站或机要收发人员传递。

三、处置办结公文阶段

这一阶段包括文书立卷、归档、存查、销毁等程序。这些程序具有很强的确定性和不可逆性。

（一）文书立卷

文书立卷又称文书整理归档，是指将归档文件按照其形成过程中的有机联系和规律组成文件集合体的工作过程。目前，我国推行文件级整理和案卷级整理两种归档文书整理方法。从工作环节上来说，文件级整理较案卷级整理有所简化，该整理方法是我国各单位主要采用的整理方法。

1. 文书整理归档的原则。《归档文件整理规则》第 4 条指出，归档文件的整理原则是：遵循文件的形成规律，保持文件之间的有机联系；区分文书的不同价值，便于保管和利用；符合文档一体化管理要求，便于计算机管理或计算机辅助管理；保证纸质文件和电子文件整理协调统一。

2. 文件级整理程序。文件级整理是指将归档文件以"件"为单位，进行组件、分类、排列、编号、编目等，使之有序化的过程。《归档文件整理规则》第 5 条指出：一般以每份文件为一件。正文、附件为一件；文件正本与定稿（包括法律法规等重要文件的历次修改稿）为一件；转发文与被转发文为一件；原件与复制件为一件；正本与翻译本为一件；中文本与外文本为一件；报表、名册、图册等一册（本）为一件（作为文件附件时除外）；简报、周报等材料一期为一件；会议纪要、会议记录一般一次会议为一件，会议记录一年一本的，一本为一件；来文与复文（请示与批复、报告与批示、函与复函等）一般独立成件，也可为一件。有文件处理单或发文稿纸的，文件处理单或发文稿纸与相关文件为一件。

文件级整理的程序如下：

（1）归档文件排列。即秘书在分类方案的最低一级类目内，遵循文件的形成规律，以"件"为单位对初步整理的归档文件进行排序。

（2）归档文件编号。即秘书人员根据文件的分类方案和排列顺序为归档文件编写档号，并以归档章的形式在归档文件上加以标注。归档章设有全宗号、档案门类代码、年度、保管期限、件号、页数和机构（问题）等内容，其中前五者为必备项，最后一项为选择项。归档章一般盖在每件文件首页上端的空白处。

（3）归档文件目录编制。归档文件目录是对案盒内归档文件内容的简要介绍，包括序号、档号、文号、责任者、文件提名、日期、密级、页数和备注九项内容。

归档文件目录编制完成后，秘书须准备两份本案盒归档文件目录，一份存放于本案盒内最前面以方便查找，另一份则同其他盒内目录按"件"号装订成总目录，以供文件检索利用。归档文件总目录装订成册，通常一年一本，并编制封面。

（4）归档文件装盒。即秘书将整理排序后的归档文件按顺序装入档案盒，并填写档案盒封面、盒脊及备考表等项目。

（5）归档文件排架。即归档文件整理完毕装盒后，秘书人员将按盒上架排列。归档文件上架排列方法与本单位归档文件分类方法一致。

（二）文书归档

文书归档是指秘书部门将系统整理后的案盒或案卷向档案室进行移交以便集中保管的工作。移交时间通常是在第二年的上半年，移交时交接双方须根据移交目录（至少一式两份）对案盒或案卷进行清点并履行移交手续。

（三）文书存查和销毁

1. 文书存查。文书存查是指对于一些不具备存档价值但对本单位工作具有参考价值的文书进行登记和存储，以备日后查考的工作。

2. 文书销毁。文书销毁是指秘书部门将办理完毕且不具备留存价值的公文进行毁灭性处置。公文销毁程序，包括清点、登记、审批、施毁和备案五步。清点，即将确无归档、存查价值的文书清理出来，加盖"销毁"戳记；登记，即秘书在"文书销毁登记表"上对应当销毁的文书进行逐件登录；审批，即秘书部门向领导提交销毁文书请示，并获领导审批签字；施毁，即秘书人员对销毁文书实施销毁，销毁过程中，严格执行二人监销制度；备案，即销毁文书后，销毁人、监销人在"文书销毁登记表"上签字、注明销毁日期后，将"文书销毁登记表"与经领导签批的"文书销毁请示"，一并存档。

第五节 档案管理

案例分析

某公司王总在批阅生产车间的月度报表时发现有一组数据不太对,他记得生产车间去年曾经就今年减少液压器生产量的事提出过请示,董事会研究后同意了生产车间的要求,王总还作了批复。但表上的液压器生产量疑似与批复中定下的数额不一致。于是,王总要行政部提供当年批复的原件。行政部张经理吩咐秘书小张尽快找出文件,送到王总办公室。下午,秘书小张一脸忐忑地来找张经理。原来,他找遍了去年收集的所有文档,只找到生产车间的请示,而王总的批复怎么也找不到了。

张经理急了,这可是王总亲自要的文件,怎么会没有了呢?秘书小张说,去年年底办公室移交文档的时候他就发现了这份文件不完整,只有请示,没有批复。当时他曾问过办公室,但没有得到明确答复,后来工作一忙,也就忘了这事,现在时过境迁恐怕很难找到了。这份批复一直没有找到,秘书小张也因此受到了批评和处罚。

分析:文档移交时必须认真核对,一旦遗漏,会给将来的文档利用带来隐患。

学习内容

档案管理是在机关或单位的文书部门将立卷归档完毕的文件移交给档案部门,档案部门对于处理完毕并具有保存价值的文件实体及信息进行收集、整理、鉴定、保管、开发和提供利用等一系列业务活动。

一、收集与鉴定工作

(一)收集工作

收集工作是将分散在档案形成部门或个人手中的、有保存价值的档案集中到档案部门或机构进行统一管理。

档案室或档案的管理人员为了完整地将档案集中到档案部门,不仅需要关注文件归档的结果,而且需要关注和参与文件的形成、运行、立卷归档的全过程。

1. 监督文件的形成过程。在实际工作中,往往有一些单位因忽视文件的形成过程而导致档案的不完整,因此,不仅要将已经形成的具有保存价值的文件收集齐全,而且还需要注意文件在形成和处理过程中的一些情况。当发现单位在文件形成和处理过程中存在问题时,应该及时向有关部门或领导反映情况,并提出整改意见。当发现文件形成出现漏洞时,应该尽量采取补记、补录、补拍等措施及时补救,以便保证重要文件的完整性。

2. 督促归档制度的落实。档案室或档案管理人员在督促归档制度落实时有责任做好以下三个方面的工作：①开展归档制度的宣传工作，使单位的工作人员能清楚归档工作的要求。②参与本单位归档制度的制定工作。③对单位归档制度的执行情况进行监督，对发现的问题应该及时提出改进意见。

3. 开展零散文件的收集工作。所谓的零散文件，是指单位在收集工作中未及时归档的文件。档案室或档案管理人员可以通过单位的组织沿革、大事记等记录，有针对性地收集散存的文件资料。当机构调整或人员变动时，应该及时从主要承办人处收集以往的单位文件。结合单位的管理评估、安全检查等活动，清理和收集文件。

4. 指导文书部门的立卷归档工作。档案室或档案管理人员对文书立卷归档指导工作主要有以下四个方面：①协助单位确定立卷地点和分工立卷的范围。②参与编制文件立卷方案。③对立卷操作进行业务指导。④进行归档案卷质量的检查。

（二）鉴定工作

档案的鉴定一般指对档案的真伪和档案价值的鉴定。

1. 档案鉴定工作的主要内容。档案价值鉴定工作包括三个方面的内容：

（1）制定鉴定档案价值的标准，包括单行规定和档案保管期限表。

（2）判定档案的价值，确定保管期限。

（3）剔除无保存价值和保管期满的档案，按照规定销毁或做其他处理。

2. 档案鉴定工作的步骤。档案价值鉴定一般分为四个步骤：

（1）文件立卷归档时，剔除不归档文件，正确划定归档文件的保管期限。

（2）档案室增收档案时检查其是否属于归档范围及保管期限划分得是否正确，档案室复查期满的档案是否留存。

（3）档案馆对档案的开放、定级期满复查进行鉴定。

（4）档案的销毁。档案室对保管期满、经过鉴定确无价值的档案应当编制销毁清册，经过机关领导审核批准销毁。需要销毁档案，必须经过鉴定委员会审核，报主管领导部门批准。

二、整理与保管工作

（一）整理工作

整理工作就是将处于零乱的和需要进一步条理化的档案进行基本的分类、组合、排列和编目，组成有序的体系。

1. 档案整理工作的内容。档案整理工作的内容包括区分卷宗、卷宗内档案的分类、立卷（组卷、卷内文件的排列和编号、填写卷内目录和备考表、撰写案卷标题、填写案卷封面）、案卷排列和编号、编制案卷目录等业务环节。

2. 档案整理工作的原则。

（1）充分尊重和利用原有的整理成果。一是在原有整理成果基本可用的情况下，要维持档案原有的秩序状态。二是对于某些局部整理结果不明显的档案，可以在原来的整理框架内进行局部调整。三是对于整理基础很差，无法进行局部调整的，可以重新整理。

（2）保持文件间的历史联系。在档案整理工作中保持文件间的历史联系的目的在于使档案能够客观地反映其形成的历史面貌。要保持文件间的历史联系主要是指保持文件在来源、内容、时间、形式上的联系。

（3）便于保管和利用。整理文件是为了日后更好、更长久地利用与保管。

3. 档案整理工作的方法。

（1）区分卷宗。卷宗是一个具有社会独立性的组织或个人在其社会实践中所形成的档案的有机整体。凡具有社会独立性的组织或个人，其所形成的档案就可以构成一个卷宗。卷宗内的文件属于同一来源，存在着联系，是按规律组合起来的有机整体。它反映事物的全过程，是不可分割的。一个单位党、政、工、团的档案构成一个卷宗。

（2）卷宗内档案的分类。卷宗内档案分类的步骤是先分门类或部类，然后再在各门类、部类中继续分类。

卷宗内档案分类的一般方法有时间分类法（年度分类法）、来源分类法（组织机构分类法）、内容分类法（问题分类法）、形式分类法（外形分类）。卷内档案数量较少，分类一般一至二级为宜，例如先按照年度分类，年度下再按照组织机构分类。档案数量较多，可以再行分类，例如在组织机构下再按照问题分类。

（3）立卷编目归档。将文件立卷，按照一定的顺序排列，并编制案卷目录。

（二）保管工作

档案保管工作指对库房中的档案进行的日常维护和保护性管理工作。其中心任务是维护档案的完整与安全，并尽可能延长档案的寿命。档案保管工作的主要内容是档案库房管理和档案流动过程中的保护。档案保管决定着档案寿命的长短。档案保管工作必须坚持"以防为主，防治结合"的基本方针。

1. 建立和维护档案的存放秩序。档案室（馆）根据档案的来源、载体等特点，建立一套档案入库存放的管理办法，使档案无论是在存放位置上，还是在传阅利用中，都能够处于一种有序的状态。

2. 保持和维护档案实体良好的理想化状态。档案实体是以物质的形态存在的，而档案实体周围的环境，例如温湿度、光线、有害气体、灰尘、生物及微生物等，都会对档案的载体、字迹、材料等造成不良的影响，不利于档案的长期保管。为此，档案保管工作的目的就是采取措施来保持档案的理想化状态，延长档案的寿命。

三、检索与利用工作

（一）检索工作

档案的检索就是对档案信息进行系统存储和根据需要进行查找的工作。其目的是满足查找、利用档案的需要。档案检索包括档案信息存储和查检两个具体过程。信息存储即先对档案内容和形式特征进行分析、选择、记录，对档案文件著录标引，然后对著录标引后形成的条目加以系统排列，编制成各种检索工具。查检先确定查找内容，然后利用检索工具等手段检索出档案信息。

检索工具的种类较多，按照体例分为目录、索引、指南。按照载体形式分为书本式检索工具、卡片式检索工具、缩微式检索工具、机读式检索工具。按照功能分为查检性检索工具（分类目录、主题目录、专题目录、人名索引、文号索引）、报道性检索工具（卷宗指南、专题指南、档案馆指南等）、馆藏性检索工具（案卷目录、卷内文件目录等）。常用的检索工具如下：

1. 案卷目录。案卷目录是查阅、利用档案的基本检索工具。

2. 分类目录。分类目录是根据体系分类法的原理，以分类号为排检项，依据档案分类表的体系组织起来的一种检索工具。分类目录的主要特点是系统地揭示档案的主题内容，具有较强的特性检索功能。

3. 主题目录。主题目录是根据主题分类法的原理，将档案的主题词按照字母顺序排列的一种目录。主题目录的主要特点是能够集中地揭示同一事物档案的内容。

4. 文号索引。文号索引是指明文件编号以及相应档号，以一定次序编排而成的一种档案检索工具。

5. 人名索引。人名索引是将档案内容所涉及的人物特征记录下来，并指明出处的一种检索工具。

6. 卷宗指南。卷宗指南又称为卷宗介绍，是以文章叙述的形式，来介绍和报道档案室（馆）收藏的某一卷宗档案的内容、成分和利用价值等情况的介绍检索工具。

（二）利用工作

档案利用工作，就是档案部门为了满足单位和社会利用的需要，向利用者提供档案文件或信息的工作。

1. 档案阅读服务。档案阅读服务是指档案室（馆）内设置阅览室，为利用者提供档案服务。

档案阅览服务一方面有利于提高档案的利用率，充分发挥档案的作用；另一方面，档案工作在现场进行宣传，控制、减少档案原件在利用中的损耗。

2. 档案外借服务。档案外借服务是指档案室（馆）允许将档案原件或副本外借给利用者。

3. 制发复印件。制发复印件是指根据档案利用者的需要，通过复印、摘录的方式向档案利用者提供档案复制品的一种服务方式。

4. 制发档案证明。制发档案证明是指档案馆（室）根据机关、团体、企事业单位或个人的申请，为了证明某一问题或某一事实在馆（室）藏档案内有无记载和如何记载的情况而形成的书面证明材料。

5. 参考咨询服务。参考咨询服务是指档案馆（室）人员以口头或书面形式解答利用者提出的问题，向利用者提供档案信息服务的一项工作。

四、编研与统计工作

（一）编研工作

档案馆（室）的编研工作，是以馆（室）藏档案为主要对象，以满足社会利用档案的需要为主要编研工作目的，在研究档案内容的基础上，编辑史料，编写档案参考资料，参加编史修志，撰写专门著述的总称。它是一项主动提供档案信息，满足单位、社会的广泛需要的工作。

（二）统计工作

统计是指通过记录和量化的数据研究、分析档案及其管理规律和发展趋势，为管理工作提供真实可靠的原始数据，增强档案管理的科学化。

本章小结

文书处理与档案管理是秘书工作中最常用的职业技能。本章介绍了文书处理的基本知识、撰写与编辑、收文处理与发文处理方法。

实践训练

一、实训目标

让学生掌握文书处理的程序。

二、实训内容

某公司在自身发展的历程中，始终坚持管理创新和技术进步的发展策略，经济实力日益增强。公司十分注重学习、借鉴国外同行经验，积极引进国外先进技术和管理人才，先后与国外多家知名同行业公司建立了友好合作关系。为了适应经济全球化和知识经济时代的挑战，增强公司的国际竞争能力，繁荣和发展中国民族事业，近几年公司还聘请国外著名专业顾问公司任专业管理顾问，借以提高自身经营管理水平，加快与国际同业接轨，实现国际一流综合金融服务集团的发展目标。展望新的世纪，公司将继续勇于开拓、锐于创新，强化公司的各项经营管理，提升公司的核心竞争力，力争在两年内实现上市。

为了响应总公司的号召，早日实现上市目标。某省分公司决定从 2017 年 6 月 1 日起开展"扎实基础、提升品质，促进公司快速上市"活动。主要活动是头脑风暴会、主题演讲会和合理化建议征文。各部门和各分支机构必须在 2017 年 4 月 28 日前上报活动开展情况。按照活动方案要求：头脑风暴会是指每月邀请著名专业顾问前来开展讲座；演讲会每月设一个主题，全体员工必须积极参与；合理化建议活动要求全体员工必须参与，定期上报活动组织和进行情况。

三、实训要求

根据上述内容，分公司要制发一份通知。完成下面表格中 4 个情景的演练。

序号	情景	任务
1	2017 年 3 月 10 日，某省分公司领导将秘书小王叫到办公室，对她说明了这次活动的目的和要求，让她马上写一份通知，发到分公司各部门和公司所在的某省各分支机构，告知有关活动事项。秘书小王在本上将总经理的话记录下来，走出经理办公室，回到自己办公室，立即开始撰写通知。	演示领导交拟和秘书撰写通知的过程，并请制作出通知的初稿。
2	初稿完成后，秘书将这份通知写在统一的发文稿纸上，拿给总经理审核，总经理看完后签字同意发出。	演示领导审核签发过程。
3	秘书小王将这份通知编上发文号，"山金〔2017〕8 号"，写在发文告的相应栏内，再检查一遍通知的正文内容，确定无误后把文件打印出来，总共打印 30 份。	演示秘书编号印制文件的过程。
4	3 月 12 日下午，秘书小王将打印好的正稿逐一盖章，并在发文登记簿上填写好内容，再分别将每份通知用信封套好，封上口。	演示秘书发文登记和封装的过程。

📝 **课后作业**

1. 收文处理程序是什么？
2. 发文处理程序是什么？
3. 哪些文件需要归档？

第 七 章

商务工作

🖊 学习目标 ⌐

1. 了解常用商务工作的基本知识。
2. 了解掌握商务工作筹备阶段的工作方法。
3. 熟悉常用商务工作的程序。

第一节　会见与会谈

🖊 案例分析 ⌐

2018 年 7 月 16 日，某公司研发部与合作公司广州某公司举行会谈，会上双方欲就技术合作事项达成协议，秘书小王负责此次会谈资料的准备工作。

但就在这天临近中午时，秘书小王发现有关质量监督管理方面的资料没有准备。她通过各种方式查找这类资料。资料终于找到了，可会谈也开始了，秘书小王只好提心吊胆地等待会谈结果。会谈开始后，双方就事先准备好的协议草案展开了充分的讨论。

最后，广州某公司代表提出了质量监督管理方面的问题，因为这对于合作项目的成败有着重大的意义。然而，由于公司的代表手中缺乏这方面的材料，无法给对方以满意的答复。会谈无法继续进行，只得暂时休会。

问题：秘书小王的工作出现了疏漏之处，以后应该要注意什么？

🖊 学习内容 ⌐

一、会见的含义

会见是指双方或多方代表见面会晤，就共同关心的问题交换意见，有时也称为会晤。

在国内，会见有时也称为接见，指各级领导人会见下属人员，如领导人会见某一会议方或身份低的一方的请求。接见可由主方或身份高的一方主动安排，也可根据客方或身份低的一方的请求来安排。

在国际交往活动中，会见则有接见和拜会之分。一般来说，身份较高者会见身份较低者，或主人会见客人，称为接见。如国家领导人或级别高的官员出面会见级别低的来访者。反之，则称为拜会或拜见。而我国则不作上述区分，不管是接见或拜见，一律都统称为会见。

涉外接待中，一般情况下，我方出面会见的人员应与外宾身份相当或高于外宾。

会见就内容而言，可以是侧重于政治性的、工作性的、公众性的，也可以是侧重于礼节性的或慰问性的。政治性会见一般涉及双边关系、国际局势等，话题严肃，形式较为正规；工作性会见多涉及具体的业务或技术性事务，我国的企事业单位之间的会见以及企事业单位的涉外会见大都属于这一类；公众性会见主要是一定的政府和非政府组织为加强与公众的联系，树立组织良好的社会形象而进行的；礼节性会见，顾名思义，是出于礼貌而举行的会见，时间较短，话题较为广泛，一般不涉及实质性问题；慰问性会见气氛比较热烈，是为慰问、鼓励和褒奖有关人员而进行的。

二、会谈的含义

会谈是指双方或多方就某些重大问题进行深入接触，交换意见。会谈的内容很广，既可以是政治、经济、外交、军事、文化等重大问题，也可以是具体的业务性、事务性或技术性问题，如在地方和基层组织之间进行的贸易洽谈、技术文化交流或探讨友好城市之间的合作等。

三、会见和会谈的联系和区别

会见和会谈既有联系，也有区别，它们是相辅相成的。

友好的会见往往能为正式的深入会谈或定下基调，或创造条件。会见中彼此达成的原则性共识，通常还要通过具体而细致的会谈加以系统化、条文化，使之成为以后彼此合作的依据。有时，会谈也是为领导者之间的高峰会见做准备。

如果说，会见、会谈和谈判是合作者之间对话的不同方式或阶段的话，那么，会见往往是"最初阶段"，会谈是"中间阶段"，而谈判则是最正式的方式和"最后阶段"。

会见和会谈的区别主要通过三个方面体现出来。首先，是对身份要求不同。会见中，各方代表的身份可以高低不同；但会谈时各方代表的身份或规格除特殊情况外，一般都要求相当。其次，是目的不同。会见的目的较会谈更为广泛，也不要求一定要达成书面协议；但会谈的目的则是要求通过深入接触，达成共识并最终形成书面协议。再次，是约束力不同。会见达成的共识往往是口头性的，因而难以产生严格的约束力；

但会谈达成的书面协议只要符合法律法规，就具有严格的约束力，并受到法律的保护。

四、会见会谈工作流程

（一）联络通知

上司有会见某一方的意向时，秘书应按照上司的指示，及时通过电话、传真、面谈等形式联络对方，把上司要求会见的人的姓名、本方出面会见的人员、会见的目的等通知对方并尽快取得对方的回复，在可能的情况下，进一步与对方商定时间、地点等具体事宜。如果是对方要求会见，则秘书在接到对方的通知后要及时向上司报告，并根据上司的意见与对方联系。

（二）准备资料

会见会谈事宜一旦决定下来，秘书便应马上着手做好有关资料的准备工作。会见会谈的资料主要包括：会见会谈对象的有关资料、与会谈内容有关的资料、会务工作文件等。

（三）布置会场

作为会见会谈主方秘书，在会见会谈前要根据会见的性质、人数等做好会客厅的布置。如果是涉外会见，当双方身份相当时，为了使会见显得更庄重一些，可在宾主就座的两侧放置两国国旗，国旗可以用落地旗架悬挂，也可以用小旗架放置在主人和主宾之间的茶几上。但注意，如果双方身份高低不同，则不挂国旗或只挂主方国旗。涉外会谈一般都要求悬挂或放置国旗。

（四）安排座位

会谈与会见座位的安排很有讲究。不同的座位形状、不同的座次往往有着不同的含义。安排座位时，可以是宾主穿插而坐，也可以是宾主各坐一边。我国习惯于后一种方式。涉外会见会谈时，一般遵循"右上左下"的原则，即把客方安排在主方的右侧，其他人员按礼宾次序就座。国内会见也可参照涉外会见会谈的排序排列座位。

1. 会见时主要的座位安排。会见可用桌子，也可不用。多数情况下，会见时不用桌子，只用沙发。但会谈除小范围的外，一般都有桌子。

2. 会谈时主要的座位安排。双边会谈大多采用长方形桌子，宾主相对而坐，以门口为准，面向正门为上座，安排给客人就座，背对正门的为下座，一般由主人就座。主人与主宾居中而坐，译员各居其右（但有的国家则安排译员坐在后面，一般应尊重主人安排），其他人员按礼宾顺序分坐于左右两侧。如会谈桌一端面向正门，则以入门的方向为准，按"右上左下"入座。

多边会谈可采用椭圆或圆形桌，座位摆成圆形、方形或 T 形等。

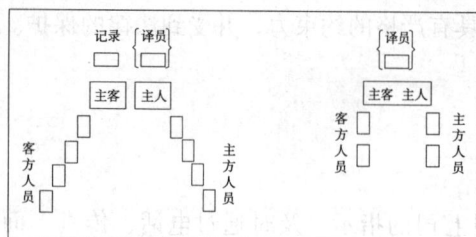

图 7-1　会见的座次安排图　　　　图 7-2　会谈的座次安排图

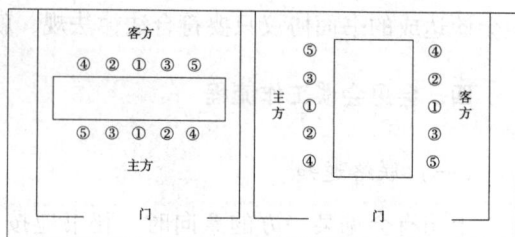

（五）合影

在来宾访问期间，宾主常常要合影留念。会见会谈时如果要安排合影，可在宾主见面握手之后进行，然后再入座。

合影时，一般由主人居中，按礼宾次序，以主人右手为上，主客间隔排列，可能情况下两端一般由主方人员把边。

五、会见与会谈的基本程序

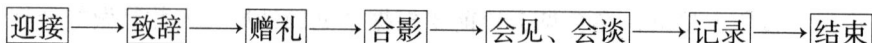

迎接 ⟶ 致辞 ⟶ 赠礼 ⟶ 合影 ⟶ 会见、会谈 ⟶ 记录 ⟶ 结束

（一）迎接

会见会谈时，主人应该提前到达见面的地点。

1. 迎接地点一般在大楼正门口、接见厅、会见室门口。

2. 迎接人员一般有主人、接待人员。

接待人员在大楼门口迎候客人，并引导客人进入会见厅。

（二）致辞、赠礼、合影

1. 致辞。主宾双方均可致辞。主办方致欢迎词，宾客方则致答谢词。

2. 赠礼。双方简单致辞后，互赠礼品，表达友谊、敬意与感谢之情。

3. 合影。如果有合影意愿，应该事先安排好合影事宜，准备好必需的摄影器材。合影时一般是主人居中，主人的右侧为上，主宾双方按照礼宾顺序排列合影。

（三）会见、会谈

合影完毕，参加会见会谈的人员即可落座。主人可以请客人先入座，或双方一起落座，但主人不能够自己抢先坐下。客人也不能在主人没有请其入座时，自行先坐。

（四）记录

会见或会谈时，均要专门有人做记录，现在重大的活动会请专门的速记人员进行全面记录。会后秘书人员再根据要求在速记人员记录的文稿的基础上形成会议纪要或者其他格式的文书。

（五）结束

会见会谈结束后，主人应该将客人送至门口或车前，握手道别，目送客人离去后方可返回室内。

秘书人员要在会见会谈过程中做好各项服务工作。

第二节 商务谈判

案例分析

某市一家茶叶商行一直订购江西景德镇一个瓷器厂的茶具，可是最近一段时间商行生意不景气，恰巧又更换了新领导，于是瓷器厂与商行的业务往来出现了危机。这时瓷器厂厂长王总亲赴某市与上任的新领导进行洽谈。瓷器厂厂长说："……我十分理解你们商行的处境，说句心里话，我真想继续同贵商行建立长期业务联系，可是，目前商行生意不景气，您虽然年轻有为……"但话未说完，新领导觉得受到了瓷器厂厂长的轻视，于是夸耀般地向厂长介绍了他的新经营之道以及上任后的宏伟目标，并表明商行还将继续保持同瓷器厂常年业务联系等。

问题：领导的问题出在哪里，这种处理方式是否会影响谈判？

学习内容

一、商务谈判概述

（一）商务谈判的含义

商务谈判是谈判双方（或多方）为了协调彼此之间的关系和满足各自的需要，通过协商而争取达到意见一致的行为和过程。

（二）商务谈判三要素

商务谈判由谈判当事人、谈判标的和谈判议题三个要素构成。谈判当事人由谈判双方派出，当事人是谈判的主体，对谈判的成败起着决定性的作用。当事人只有对双方的情况有一个全盘了解，采取最佳的应对策略，才能在谈判过程中处于理想状态。谈判标的是谈判双方共同关注的东西，它可能是商品、技术、工程项目等。谈判议题是双方所关心并且希望解决的问题，是希望通过谈判来达成一项协议，从而得到解决方式的问题。

二、商务谈判的特点

谈判从整体上来说，是有规律可循的。商务谈判有三个方面的主要特点。

（一）合作与冲突共存

谈判是建立在双方有某些需要而又期望得以实现的基础上的。因此，为使谈判能达成对双方都有利的协议，谈判双方必须具备一定的合作诚意，即谈判双方在谈判过程中只有相互合作，各自做出相应的让步，才能达成一致，各得其利。否则，谈判不成功，双方都无法受益。

（二）追求双赢

因为谈判涉及的是"双方"，所寻求的是双方互惠互利的结果，即谈判双方的部分或全部需要得以实现。这不是"我赢你输"或"我输你赢"的单利性结果，而是"我赢你也赢"的互利性的结果。双赢原则应始终贯穿于谈判的全过程。

（三）利益的非均等性

谈判是互惠的，同时又是不均等的。即一方可能获利多些，另一方获利少些，这主要取决于谈判各方的实力、客观形势和谈判策略技巧的运用，以及谈判人员的素质、能力、经验、心理状态、感情等众多因素。

三、谈判语言技巧

要在谈判中获得成功，谈判者除了具备正确的立场、观点，较高的政策理论水平和一定的专业知识、经验外，还必须掌握谈判语言技巧，以便在谈判过程中因人而异、灵活应用，根据对方的处境、心理动向和要求，有针对性地使用各种语言表达技巧说服对方。

（一）重复意见法

1. 重复自己的意见。在谈判中使用重复的方法，最重要的是有耐心和锲而不舍的顽强态度。谈判者可不断重复自己的意见，引起对手的重视，实现自己的目的。

2. 重复对方的意见。在对方发表不同意见后，谈判者可用自己的话将对方的意见重复一遍，但这种重复是把它变成自己的话，并在重复时削弱甚至改变意见的实质内容，使一个十分尖锐的反对意见变成一个普通的问题，从而使得对方的意见变得比较容易对付。

（二）赞美对方法

真诚的赞美对方会引起他人美好的情感，将会使受称赞者心情愉快，认为自己受到肯定，同时对称赞者也容易产生好感，这样就为谈判双方缩短距离、密切关系、进行心灵沟通打下了良好的基础。

（三）故意示弱法

故意示弱可以使对方有帮助你的成就感，给了强者一个表现自我的机会。攻击型的谈判者都认定对方会激烈地抵抗自己的攻击，并且设计好了对方反驳以后的继续的有力攻击。所以一旦对方不反驳却以"钝"示弱，反倒会狠狠地挫败攻击者的气势，搞得他不知如何是好，一下子就失去了穷追不舍的勇气。这犹如一个拳击手运足了全身的力气挥拳进击，但一拳打在了棉絮上，立即就失去了进击心。

（四）巧妙激将法

激将法就是通过一定的语言手段刺激对方，激发对方的某种情感，使对方发生情绪波动和心态变化，并使这种情绪波动和心态变化朝着自己所预期的方向发展，使其下决心去做某种己方希望他去做的事。激将法最适合在那些经验较少、容易感情用事的对象身上使用。

（五）曲径通幽法

曲径通幽法，就是不把想说的意思直接说出来，而是先谈一些貌似与主题无关、令对方感兴趣、能接受的话题，然后由小及大、由少到多、由浅入深、由远及近、由轻到重、由易到难地一步一步引入正题。这样，由于有了前面的层层铺垫，本来对方难以接受的意见听起来就显得不那么尖锐和难以接受了。

（六）正话反说法

正话反说法，指不从正面对对方的观点进行驳斥，而是从对方的观点出发，把他的观点尽情发挥，让对方自己醒悟。正话反说，最重要的是要保持融洽、友好的谈判气氛。如果话说得过于尖刻，会让对方难以接受，达不到说服对方的效果。

（七）刚柔相济法

刚柔相济法就是在谈判中，态度、语气伴随着谈判内容变化而变化，造成一种气势来威慑对方的一种软硬兼施、软中带硬的技巧。有时，谈判者一味地好言相劝，可能达不到目的，尤其当对手是心冷、态度强硬的人时。这时可以采用刚柔相济法，在谈话中既有顺耳中听的好言好语，又有尖锐犀利的言辞，向对方表明自己的态度，这样对方就容易就范。

（八）侧面暗示法

由于各种原因，有时谈判者的观点，如果直接说明会给对方造成伤害而形成对抗，这时可用隐约闪烁的话，从侧面启发对方，来间接表达思想，让对方细细品味，最终接受。

第三节　签约仪式

案例分析

经过长期洽谈之后，某市一家公司终于同德国一家跨国公司谈妥了一笔大生意。

双方在达成协议之后，决定正式举行一个签字仪式。

因为当时双方的洽谈是在仪式正式举行的那一天，中方工作人员在签字桌上摆放中德两国国旗时，误以中国传统做法"以左为上"代替了目前所通行的国际惯例"以右为上"，将中国国旗摆到了签字桌的右侧，而将德国国旗摆到了签字桌的左侧。结果让外方人员恼火不已，最后经过调解，外方才得以继续进行签约仪式。这场风波经过调解虽然平息了，但带给中方公司的教训是深刻的。

分析：在商务谈判结束后，签字仪式不可不重视。

学习内容

签约仪式具有严格的规范程序和要求，秘书要了解并掌握，才能顺利完成签约仪式。

一、签约仪式的含义

签约仪式，通常是指订立合同、协议的各方在合同、协议正式签署时所举行的仪式。签约仪式一般隆重、正规，礼仪要求十分严格。

二、签约仪式的准备

（一）布置签约厅

签约厅的布置要做到庄重、整洁、大方。签约厅既有常设专用的，也可用会议厅、会客室临时代替。签约厅的常用设施应配备齐全，主要有地毯、签约桌椅等。

1. 地毯。一间标准的签字厅，地毯应该铺满整个房间。柔软的地毯可以减轻脚步声，有助于缓解与会代表们内心的紧张。

2. 签约桌椅。正规的签约桌应为长桌，可供签约各方同时使用，以体现协约各方的平等地位。签约桌上铺设深绿色或者深红色的台布，显得庄重、大方。按照签约仪式的规范，签约桌应当横放于室内。

3. 文本、席卡、文具、国旗。负责为签约仪式提供待签合同文本的主方，应会同有关各方一道制定合同文本，专人负责合同的定稿、校对、印刷与装订。按照常规，应为在合同上正式签字的有关各方各提供一份待签的合同文本。必要时，还可再向各方提供一份副本。签约桌上可放置各方签约人的席卡，席卡一般写明签约的国家或组织的名称、签约人的职务及姓名，涉外签约仪式应当用中英文两种文字标示。在签约桌上应当事先安放好待签的合同、协议或者条约文本以及签字笔、吸墨器等签约时所必需的文具。如果是与外方人士签署合同、协议或者条约，有关各方的国旗须插放在该方签约人座椅的正前方。

4. 会标、香槟酒。签约仪式的会标要求醒目，并反映签约各方的名称、签约内容。

涉外签约仪式的会标应当用中文和外文书写。有时在签约仪式结束后，会立即举行小型酒会，举杯共庆会谈成功。工作人员应事先准备好香槟酒、酒杯等。

（二）签约人员的服饰要规范

在参加签约仪式之前，应当认真修饰个人仪表。按照规定，签约人、助签人以及随员应当穿着具有礼服性质的深色西装套装、中山装套装或西装套裙，并且配以白色衬衫与深色皮鞋，男士还必须系上单色领带，以示正规。女性秘书应避免戴过多的饰物，应以淡妆示人。

（三）座次安排

一般而言，举行签约仪式时，座次排列的具体方式有三种，它们分别适用于不同的情况。

1. 并列式。并列式排座，是举行双边签约仪式时最常见的形式。签约桌在室内居中面门横放。双方出席仪式的全体人员在签约桌之后并排排列，双方签约人员居中面门而坐，客方居右，主方居左。

2. 相对式。相对式排座，是签约桌在室内面门横放，双方签约人员居内面门而坐，客方居右，主方居左。双方出席仪式的全体人员则在签约桌之前并排排列。

3. 主席式。主席式排座，多用于多边签约仪式。签约桌在室内横放，签约席设在桌后面对正门，但只设一个，并且不固定其就座者。举行仪式时，所有各方人员，包括签约人在内，皆应背对正门、面向签约席就座。签约时，各方签约人应以规定的先后顺序依次走上签约席就座签字，然后即应退回原处就座。

三、签约仪式的程序

在具体操作签约仪式时，可以依据下述基本程序进行运作。

（一）宣布开始

各方人员先后步入签字厅，在各自既定的位置上正式就位。

（二）签署文本

依照礼仪规范，每一位签约人在己方所保留的文本上签字时，应当名列首位。因此，通常的做法是各方签约人首先签署应由己方所保存的文本，然后再签署应由对方所保存的文本。此种做法，通常称为"轮换制"。它的含义是：在文本签名的具体排列顺序上，应轮流使有关各方均有机会居于首位一次，以示各方完全平等。

（三）交换文本

各方签约人在交换文本时应热烈握手，互致祝贺，并互换方才用过的签字笔，以作纪念。全场人员应热烈鼓掌，以表示祝贺之意。

（四）饮酒庆贺

各方人员一般应在交换文本后当场饮一杯香槟酒。这是国际上通行的增加签字仪式喜庆色彩的一种常规性做法。在一般情况下，商务合同正式签署后，应提交有关方面进行公证，此后方能正式生效。

（五）有秩序退场

一般是双方最高领导者及客方人员先退场，然后东道主再退场。

第四节　庆典与宴请活动

📝 **案例分析**

"妙手回春"的开业典礼

2019年8月9日，某公司在某市设立的分公司隆重开业。这一天，酒店四周彩旗飘飘，身着旗袍的礼仪小姐站在公司两侧，她们的身后摆放着整齐的鲜花，所有员工服饰一新，精神焕发，整个酒店沉浸在喜庆的气氛中。

仪式开始前的酒店前广场上，舞狮活动正在热闹地进行，将气氛烘托得更加热烈。上午11时，应邀前来参加庆典的有关领导、各界友人、新闻记者陆续到齐。正在举行剪彩之际，天空突然下起了倾盆大雨，典礼立即按备用方案移至厅内继续举行。一时间，大厅内聚满了参加庆典的人员和避雨的行人。典礼仪式在音乐和雨声中隆重举行，整个厅内灯火通明，使得庆典别具一番特色。典礼完毕，雨仍在下着，厅内避雨的行人短时间根本无法离开，许多人焦急地盯着厅外。这时，王总当众宣布："今天能聚集到我们公司的都是我们的嘉宾，这是天意，希望大家能同本公司共享今天的喜庆，我代表公司真诚邀请诸位到餐厅共进午餐，当然一切全部免费。"刹那时，大厅内响起雷鸣般的掌声。

虽然，分公司开业额外多花了一笔午餐费，但分公司的名字在新闻媒体及众多顾客的渲染下却迅速传播开来，接下来分公司的生意格外红火。

问题：

1. 你知道开业典礼的程序吗？

2. 开业为什么要举行典礼？

📝 **学习内容**

庆典活动可以提高组织的知名度，良好的庆典活动可以渲染气氛，强化单位的影响力；宴请活动是商务人员在社会交往最常见的一种商务活动。宴请是在商务交往中为表示感谢、庆祝、欢迎等以增进友谊和融洽气氛为目的的重要活动方式。因此，秘书要能够合理组织庆典活动。

一、庆典的含义及形式

（一）庆典的含义

庆典是各种庆祝仪式的统称。为了扩大组织自身在社会上的知名度，使组织与公众之间、与其他组织之间相互增加了解，促进合作，一般在组织成立或有重大活动时都可举行庆典。庆典活动可以使组织获得更大的经济效益和社会效益。

（二）庆典活动的形式

庆典活动形式很多，常见的有开业典礼、周年纪念庆典、竣工典礼等。

1. 开业典礼。开业典礼是组织或企业在成立之际向社会首次展现自己，以便引起社会与公众关注的活动。

2. 周年纪念庆典。周年纪念庆典是社会组织利用本单位的周年纪念日向外界宣传自己、扩大影响力而举办的活动。一般而言，单位在成立5周年、10周年以及它们的倍数时举行周年庆典活动。

3. 竣工典礼。组织通常会在某项巨大工程或重要任务完成之际，举行盛大的竣工典礼来庆祝，引起社会公众的格外关注，同时扩大组织在社会上的影响力。

4. 本单位荣获某项荣誉的庆典活动。当本单位荣获了某项荣誉称号，单位也会举行庆典活动，以示庆祝并对外界进行宣传。

剪彩仪式是在开业典礼、奠基仪式、竣工典礼、开工典礼、展销会等活动中经常举行的一种活动。

二、庆典活动的准备工作

（一）确定活动主题

活动主题是指庆典活动开展所围绕的中心思想。既要求短小有力，又要求形象鲜明，以便给人留下深刻的印象。

（二）选择时间、地点

1. 选择时间。选择庆典时间应考虑以下因素：关注天气预报；考察营业场所的建设情况、各种配套设施的完工情况、水电暖气等硬件设施建设等情况；选择主要嘉宾、主要领导、大多数目标公众能够参加的时间；考虑民众消费心理和习惯，善于利用节假日传播组织信息；考虑周围居民生活习惯，避免因过早或过晚而扰民，一般安排在上午9：00~10：00最恰当。

2. 选择地点。商务庆典活动现场一般选择企业或组织的正门之外的广场、正门之内的大厅等处，也可以是工程现场等地。场地的大小要同出席人数相适应。

（三）做好舆论宣传

举办各种商务庆典活动可以选择有效的大众传播媒介，在报纸、电台、电视台、网络等媒介进行集中的广告宣传。

（四）做好来宾邀请工作

商务庆典活动影响的大小，往往取决于来宾的身份高低与数量多少。一般会邀请上级领导、工商、税务及潜在的、预期的客户、同行业人员等。

（五）确定主持人和致辞人

主持人可以是相关领导，也可以是有一定影响力的电台、电视台或礼仪庆典公司的主持人。致辞人除举办方的领导外，还要在来宾中选择嘉宾致辞人，并事先和对方沟通和确认。

（六）拟定庆典程序

每次商务庆典活动的内容和程序视具体情况而定，一般包括如下内容：主持人宣布庆典活动开始；升国旗、奏国歌或升公司旗、奏公司歌；介绍领导、嘉宾；举办方负责人和来宾代表致辞；剪彩、授奖、参观等；酌情安排宴请或文艺演出；留影、题字等。

（七）做好现场布置和接待准备工作

场地环境要精心布置，可以用彩带、气球、红地毯、标语、祝贺单位条幅、花篮、牌匾等烘托喜庆热烈的气氛。有的还要安排锣鼓、鞭炮和乐队，以渲染气氛。在庆典举行前后，通常播放一些喜庆欢快的乐曲，烘托庆典的气氛。相关的摄影、录像等设备也要准备和调试好。

在商务庆典活动开始前，必须做好一切接待准备工作。如接待室中要求茶杯洁净，茶几上放置烟缸，如果不允许吸烟，应当将提示标牌放置在接待室中。重要来宾应由组织负责人亲自接待，入场、签到、剪彩、宴请、留言等活动均需提前安排。

（八）其他准备工作

庆典活动还要准备文字材料，如庆典活动程序表、来宾名单、主持词、致辞、答词以及企业或组织的宣传册；准备贵宾留言册，应当用红色或金色锦缎面高级图言册，并同时准备好毛笔、砚墨或碳素笔；准备礼品，礼品要有象征性、纪念性、宣传性；准备各种必需的物料。

三、庆典活动的组织工作

（一）接待宾客

宾客到来，不需要签到的直接引导到休息室。贵宾到来，由东道主亲自迎接，并陪贵宾交谈、休息，等待典礼开始。签到的同时，可以将本组织的宣传资料发给来宾。来宾签到后，再由接待人员引导到备有茶水、饮料的接待室，让他们休息并相互认识。

（二）检查巡视

在典礼临近开始前，要检查一下各方面工作是否完备、重要的宾客是否到齐，发现问题及时处理。

（三）典礼的具体程序

1. 宣布典礼开始。典礼由主持人宣布开始后，全体起立，奏乐。可用鸣炮、鼓掌烘托气氛，然后宣布主要出席者的名单，介绍出席的重要嘉宾。

2. 致辞。由举办方领导和嘉宾代表致辞。致辞包括致贺词和答谢词两种。无论是致贺词还是答谢词均应言简意明、热烈庄重，切忌长篇大论。

3. 典礼活动。如果是开业庆典，那么就有揭幕或剪彩仪式。如果是其他典礼活动则可能安排不同的内容，可能是文艺演出，也可能是娱乐参观活动。主持人宣布仪式结束后，可以根据实际情况引导客人参观本企业或组织的生产设施、服务设施及产品或商品陈列，以融洽关系、宣传自己。

四、宴请活动的种类

（一）宴会

宴会是最正式、最隆重的宴请形式。宴会按照礼宾的规格划分，可以分为国宴、正式宴会、便宴和家宴。一般情况下，宴会持续时间为 2 个小时左右。

1. 国宴。国宴是规格最高的宴会，是国家级庆典宴会。举办方是本国政府首脑或国家元首，也可以是来访的外国元首或政府首脑。宴会厅必须悬挂主客两国国旗，宾主按照身份、地位入席，入席后乐队要奏两国国歌。宴会上主人和主宾要发表讲话或致祝酒词，席间要奏乐。国宴的请柬、座签、菜单上都有国徽。

2. 正式宴会。一般是指政府或企事业单位，为了迎送宾朋或答谢而举行的隆重的宴会。适用于宴请规格较高，活动内容较正式、严肃的场合，重点在于给予对方较高的礼遇。它除了不挂国旗、不奏国歌、出席者级别不同以外，其余都与国宴相似。

3. 便宴。便宴属于非正式的宴会，形式简便，不排桌次座位，不做正式讲话，菜肴道数不必过多，气氛随便、亲切，有利于各方自由交往。官方和非官方的宴会都可以采用这种形式。便宴有午宴和晚宴之分，也有早餐会。此种便宴都是坐着进食，由服务员顺次上菜。

4. 家宴。它是指在自己家中设便宴招待宾客的方式。可以由主妇亲自掌勺，也可以请厨师上门做菜。可以广泛用于亲朋好友聚会，也可以用于官方宴请或业务洽谈宴请。席间全家人共同招待客人，气氛亲切、随和、友好，容易创造融洽的人际关系。上午和下午都可以举行家宴，但请柬上一定要注明时间。

（二）招待会

招待会一般不备正餐，是形式较为灵活的一种宴请方式，客人可以根据自己的口味选择自己喜欢的食物和饮料，与他人一起或独自一人用餐。招待会一般不排席位，可以自由活动。

1. 冷餐会。冷餐会又称为自助宴，这是一种相当自由的餐饮形式，除了不必排桌次座次以外，来宾人数也不受拘束，也不用服务员上菜，宾客自己动手选择食品，可以随时用餐，不必等人到齐才能用餐。这样的宴会形式便于宾客之间有较多的彼此认识的机会。

2. 酒会。酒会又称为鸡尾酒会，适用于各种节日、仪式、庆典及招待性质的宴请。酒会设有专门的调酒员来为客人点酒、调酒。酒会上还需要略备一些小吃，例如三明治、面包、炸春卷、香肠、炸薯片等供客人食用。酒会通常是在下午或晚上举行，时间不限，习惯上多为 2 个小时左右，席间不排座次，客人多为站着用餐，可以随意走动，比较适合现代人的生活节奏。

（三）茶会

茶会是比较简单的招待方式，通常在上午 10 时或下午 4 时左右。茶会是以品茶为主，对茶叶和茶具的选择颇为讲究，也可以备有点心和小吃，一般在较为宽敞的厅堂、会客厅里举行。在席间还可以安排一些助兴的小节目等。茶会对茶叶的选择要照顾到客人的嗜好和习惯，茶具选用陶瓷器皿，不用玻璃杯，也不要用热水瓶来代替茶壶。

（四）工作餐

工作餐是人们在特别繁忙、日程安排不开时，采用的一种既节省时间，又达到招待目的的宴请形式，是一种非正式的宴请形式。它可以分为工作早餐、工作午餐和工作晚餐，适用于以谈论或从事某项具体工作为目的的招待场合，其特点是宾主共同进餐，边谈工作边进餐。工作餐一般只请当事人，不请客人的配偶，也不请其他与工作无关的人员。在国外，有的工作餐采取"AA制"，即参加者各自付费。

五、宴请的准备工作

由于宴请的种类不同，宴请的组织安排工作也有所不同。工作餐较简单，而正式宴会的组织工作则相当复杂，有许多具体工作要进行认真的筹划。

（一）列出宾客名单，发出正式请柬

1. 根据宴请的目的，与上司确认被邀请的宾客名单。

2. 根据宴请的目的和宾客的社会地位、职务身份，确定宴会的规格。

3. 发出正式请柬。正式宴会或正式宴请大都需要向宾客发出正式请柬，事先口头约定的或电话通知的也要补发，这是礼节上的要求。

（二）确定宴请时间，选好宴请场所

1. 确定宴请时间。宴请时间的确定主要考虑以下三个方面的因素：

（1）根据上司的提议。

（2）给对方宽裕的准备时间，以便安排好其他各方面的工作。

（3）一般不选择在重大节日、假日，涉外宴请还要注意避开对方的禁忌日。例如西方的忌讳是"13"，特别忌讳的日子是"13"又恰逢"星期五"的日期。

2. 确定地点。宴请地点的确定主要考虑以下四个方面的因素：

（1）视客人多少而定。

（2）考虑规格。规格高的安排在高级饭店或酒店；一般规格的，则根据情况安排在适当的饭店进行。

（3）要考虑宴请对象。对文化素质高、有一定身份的宾客，宴请的卫生和环境尤其要讲究。

（4）考虑选择交通方便的地方，便于客人到达。

（三）宴会现场的布置

宴请的主办方应该根据宴请的目的和性质，在宴会厅的正面上方拉一条横幅。在宴会厅的一侧，可以摆放花草盆景。在布置好的主席台右侧可以设置临时致辞用的讲台，摆放宾主致辞用的麦克风。在宴会厅四周还可以摆放适当的鲜花，以增强整体气氛。

（四）确定菜单

1. 菜肴应该精致可口、赏心悦目。

2. 应了解客人的饮食习惯、禁忌。

3. 注意食物的各种搭配，包括冷热、口味等。

（五）排定座次

宴会一般都要事先安排好桌次和座位，使参加宴会的人都能各就其位。席位的安排也能体现出对客人的尊重。以下桌次与座次安排，均遵循国际上"以右为尊，以中为尊，近高远低"的原则。

1. 排定桌次。桌次地位的高低，是以距主桌位置的远近而定的。以主人的桌为基准，右高左低，近高远低。

2. 排定座位。在商务活动中，按照职位最高的主人与职务次之的副主人为核心进行座位排列。以主人的座位为中心。如果女主人参加时，则以男主人和女主人为基准，近高远低，右上左下，依次排列。

把主宾安排在最尊贵的位置，即主人的右手位置，主宾夫人（或职务排第二的客人）安排在女主人（或职务排第二的主人）的右手位置。

主人方面的陪同人员，尽可能与客人相互交叉而坐，便于交谈。尽可能避免自己人坐在一起，冷落客人。如果有译员，则可以安排在主宾右侧。席次确定后，座位卡和桌次卡分别放在座位前方、桌中间。

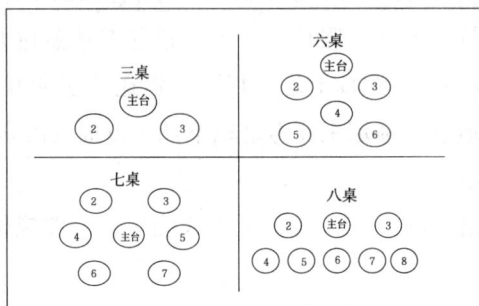

图7-3　常用桌次排列图

在商务活动中，主人与副主人分别代表职位最高和职位次之的人员。

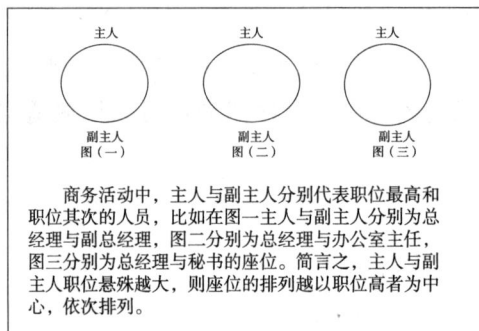

图7-4　常用座位安排小常识

六、宴请的程序

（一）迎客

大型宴请，主人一般在大门口迎接主要客人。小型宴请，主人一般在宴会厅或休息室门口迎接客人。另外，视宴会的重要程度，还可以有其他主要人员陪同主人排列成行迎接客人。

（二）入席

大型宴请，普通客人应该提前进入宴会厅。而主要客人到齐后，由主人陪同按照礼宾次序进入宴会厅，这时全场起立，鼓掌表示欢迎。等主人与主宾落座后，其他人方能坐下，宴会正式开始。小型宴请等客人到齐后，主人陪客人进入宴会厅，全体人员落座，宴会开始。

（三）宣布宴会开始

大型宴请，一般都先由主持人宣布："××宴会（酒会等）现在正式开始。"

（四）致辞

致辞一般放于用餐前。主人应该先介绍致辞人的身份，主宾都应该派代表致辞。

（五）祝酒

入席后，主人应该招呼客人进餐，并率先给客人敬酒。敬酒时可以依序逐一敬遍全席，也可以不分地位、身份高低，一起敬酒。

（六）交谈

席间主人要引导客人愉快地参与交谈，巧妙地选择话题，使席间充满和谐愉快的气氛。

（七）散席

吃完水果，主人与主宾起立，宴会即告结束。主宾告辞，主人送至门口，主宾离去后，原迎宾人员依次排列与其他客人握手告别。

七、商务人员赴宴的礼仪

商务人员在日常的交往中都会碰到各种宴会的邀请，需要了解赴宴的各种礼节要求。

（一）应邀回复

商务人员接到宴会的邀请，应该尽早答复对方，以便主人及早做出安排。一旦答复对方赴宴，就不能随意改动。如果有非常紧急的事情无法出席，就应该及早告知主人，并表示歉意。

（二）准时出席

要事先了解宴会的类型，对服饰有无特殊要求，身着恰当的服饰去赴宴，并且控制好到达的时间，不能过早也不能太晚，应该提前 10 分钟到达为宜。

（三）入座

到达宴会地点后，应该先向主人问候，并与其他来宾打招呼、致意，然后按照主人事先安排好的席位入座，不可以随意乱坐。入座时，应该从座椅的左侧入座，若有女士、领导或尊者在时，应该等其入座后再坐。入座后，要注意自己的身姿，不要紧靠在椅背上，或用手托腮，或将双臂放在桌上，更不可趴在餐桌上。不要摆弄桌上的酒杯、碗筷等，以免发出声响。

（四）进餐

待主人招呼后，方可进餐。进餐时要文雅，不能狼吞虎咽，每次送入口中的食物不可过大，要细嚼慢咽，咀嚼时不要发出声响。食物太热时，等稍凉些再吃，不能在餐桌上用嘴吹，不要在自己正咀嚼东西时与他人说话。如果他人问话，要等自己将口中食物咽下后再回话。在正式宴会中不宜当众使用牙签，更不可用指甲剔牙缝中的食物。在餐桌上必须用牙签时，最好用手捂住嘴轻剔，而边说话边剔牙都是不雅的行为。

（五）饮酒

席间的饮酒一般是主人与主宾先碰杯。碰杯时，客人应该起立举杯，目视对方致意，身份低的或年轻的与身份高的及年长者碰杯时，应该稍欠身点头，杯沿比对方杯沿低以表示尊敬，在主人与主宾祝酒时，应该暂时停止进餐，停止交谈，注意倾听。如果在主人或别人给你敬酒，而你不胜酒力时，那么可以婉言谢绝。在商务宴请中，商务人员应该保持头脑的清醒和思维的敏捷，以利工作的开展，切不可因贪杯误事。

（六）礼貌告辞

宴会结束，赴宴者应该起身离席。如果是男士，就应该先起身为女士或年长者移开座椅。客人应该向主人致谢。在参加宴会后的两三天内，客人应该向主人致电表示感谢。

第五节　新闻发布会

案例分析

某市某陶瓷厂要发布一个新产品，为了这个新产品的发布，公司准备了很长时间，以陶瓷厂副总为总负责人制定新产品发布方案，责成生产研发部负责新产品的新闻发布会。生产研发部王经理接到消息之后召开了部门会议，在部门会议上将新产品新闻发布会流程过了一遍，同时把初步方案交给秘书小王，让小王把新闻发布会方案（初稿）做出来。小王接到命令以后立即着手准备新闻发布会方案，准备完毕之后将方案报生产研发部王经理过目。秘书小王做的新闻发布会流程方案如下：

时　间	内　容
8：00~9：00	会场布置及媒体签到
9：00~9：30	与会人员入席（配背景音乐）
9：30~9：40	主持人介绍项目情况及现场嘉宾
9：40~10：00	邀请领导发言
10：00~10：15	陶瓷厂领导发言

续表

时　间	内　容
10：15～10：30	新产品发布
10：30～11：00	媒体采访
11：00～13：00	午餐

问题：你认为秘书小王做的这个新闻发布会流程有问题吗？

学习内容

新闻发布会是为了宣布重要消息，把媒体记者邀请到一起进行重大信息发布的一种特殊形式的会议活动。

一、新闻发布会前的准备工作

（一）确定新闻发布会的主题

1. 说明性主题。例如企业推出新产品、企业经营方针的改变等，此时新闻发布会主要是对外宣布决定。

2. 解释性主题。例如企业产品质量出现了问题、企业出现了重大事故等，此时，新闻发布会主要是对所发生的事件进行解释。

主办单位可以根据具体情况来确定新闻发布会的主题。

（二）选定新闻发布会举行的时机

新闻发布会举行时机的选择是否理想，对新闻发布会的效果有着重要的影响。适宜举办新闻发布会的时机包括以下几方面：①公司及产品（服务）已经成为公众关注问题的一部分；②公司或其成员已经成为众矢之的；③新产品上市；④开始聘用某明星做自己的产品或形象的广告模特或代言人；⑤公司人员重大调整；⑥公司扩大生产规模；⑦公司取得最新纪录的销售业绩；等等。

小提醒

选定召开新闻发布会时间的注意事项：
1. 避开节日与假日。
2. 避免与重大社会活动相冲突。
3. 防止与新闻界的宣传报道重点撞车。

（三）确定新闻发布会举行的地点

新闻发布会举行的地点可以考虑以下地点：①本单位所在地；②事件发生地；

③当地著名的宾馆、会议厅等。

另外，新闻发布会现场还应该考虑交通是否方便，采访条件是否能满足要求，扩音、录音录像、照明设备是否完好、齐备，座位是否够用，等等。

（四）确定邀请的对象

应该根据新闻发布会的主题，确定邀请对象。

新闻记者是新闻发布会的主宾，邀请哪些记者参加应该根据新闻发布会的性质而定。如果是为了扩大影响和知名度，那么可以多种类、多层次地邀请记者。如果只是进行宣传、解释，则邀请面可以小一些。

要拟订详细的邀请名单，提前3~4天发出邀请信或请柬，临近开会时还应该提前一天打电话联系落实。

（五）选择新闻发布会的主持人和发言人

记者的职业习惯可能使他们在新闻发布会上提出的问题比较深刻、尖锐，这就对新闻发布会主持人和发言人提出了更高的要求。一般要求他们不仅要熟悉本企业及产品，而且要思维敏捷、反应迅速，有较高的文化修养和专业水平。

新闻发布会的主持人大都由主办单位的办公室主任、秘书长、公关部部长担任。

新闻发布会的发言人通常由本单位的领导人担任，因为领导人对本单位的方针、政策及各方面情况比较了解，由他们回答记者的提问更具有权威性。另外，新闻发言人还应该具有广博的知识面、清晰准确的语言表达能力、快速应对的反应能力等。

（六）预算会议所需要的费用

根据新闻发布会的规格和规模做出可行的经费预算。预算的费用项目一般有场地租金、会场布置、印刷品、茶点、礼品、音响器材、邮费、电话费、交通费等，需要用餐时还应该加上餐费。

（七）其他准备工作

例如会场的布置、音响设备的调试、礼品的准备、座次的安排、工作人员胸卡的制作以及与会人员的仪态举止训练等。

二、新闻发布会的程序

1. 签到。在接待处签到，接待时最好由组织的某位主要人物出面迎宾，以显示出组织对活动的重视，给来宾及记者们留下好印象。

2. 分发会议资料。应该发给每位来宾一个事先准备好的资料袋，其中有新闻发布稿、技术性说明（必要时发放）、发言稿以及会上要展示的产品或模型的照片。

3. 宣布会议开始。会议开始时主持人简要说明召集会议的目的、所要发布的信息或事件发生的背景和经过等。

4. 发言人讲话。发言人要就某些内容做重点、详细的讲述。

5. 回答记者提问。

6. 接受重点采访。

7. 宣布活动结束。

小提醒

召开新闻发布会时的注意事项：

新闻发布会发言人讲话应该简明扼要，重点突出，清晰流畅，对记者提问要随问随答，回答诚恳而巧妙。

新闻的信息必须准确无误，发现错误应该立即更正。对于不便发表和透露的内容，应该委婉地做出解释。

所有发言人在重大问题上要统一口径，切忌说法不一。

不要随意打断记者的发言和提问，也不能以各种表情、动作表示不满。对各方记者要一视同仁，不能厚此薄彼。

第六节　参观考察

案例分析

某市的葡萄酒是享誉海内外的知名品牌，他们设立了专门的接待开放室，为参观者走近葡萄酒、了解葡萄酒提供了一个独具魅力的"视角"。参观者可以在这里面了解葡萄酒的生产线，对生产工艺进行参观。并且接待室设置了葡萄酒藏书馆，设计了参观长廊，做到生产、参观互不影响。此接待室每年要接待大量国内、欧美、日本的参观者以及旅游团队。广州某葡萄酒厂就想到该知名葡萄酒厂进行参观，于是安排秘书小王设计参观考察路线。秘书小王当即和该知名葡萄酒厂进行联系，确定本次参观考察各项工作。

问题：小王应该如何设计参观考察工作？

学习内容

现代企业越来越注重通过各种公关活动提升自己在社会中的形象，参观考察是企业展示形象的良好机会和窗口。举办参观考察活动，可以增强组织知名度，增加透明度。秘书经常参与参观考察的事务性工作，必须了解参观考察活动的基本内容，掌握参观考察的各项工作要求。

一、参观考察的含义

参观考察即组织主动地开放一些项目供外部人员参观，通过对组织的工作进行参观和了解，从而起到宣传沟通的作用，提升组织影响力。

二、参观考察的主要项目

（一）基本情况介绍

企业要准备好图文并茂的宣传小册子发给观众，同时辅之以电影、录像或幻灯片配合讲解，让观众能全方位、多角度地了解企业。

（二）现场观摩

现场观摩指让参观者参观工作现场，例如，观看生产经营设备和工艺流程、厂区环境或营业大厅、员工的教育和培训设施等。

（三）实物展览

企业的展览室可以陈列资料、模型、样品等实物，让观众有直观的印象。

三、参观考察的准备工作

（一）成立专门机构

专门机构中要有一名决策层的领导作为总协调人，其他人员从部门中抽调，并指定秘书负责参观考察的具体事项。

（二）确定好时间、内容与参观路线

一般企业大多数时间都可以接待来宾或顾客参观。有些企业参观的时间最好安排在一些特殊的日子里，如企业的周年纪念日、开业庆典日、社区节日等。参观考察应根据邀请对象的不同，选择适合对方需要的，并能突出、宣传自己特点的项目。参观考察内容确定后，秘书人员还应选择好参观路线。路线的确定应考虑：能引起参观考察者的兴趣，能保证参观考察者的安全，对企业或组织单位的正常工作秩序干扰最小。特别应注意的是，秘书人员在确定参观考察内容和路线时，应加强商业保密工作意识。秘书在筹备、组织过程中一定要牢固树立内外有别、保守秘密的思想。

（三）邀请

每一次参观考察活动前应该先确定邀请对象。邀请对象确定后，应制作邀请函或者请柬，以示对被邀请者的尊重。

（四）准备宣传材料

宣传材料要用生动简明、深入浅出的语言介绍，尽量做到图文并茂。同时为了帮助大家理解，观摩实物前秘书可以放映事先准备好的幻灯片或者电视片，并做简单的

介绍。

（五）进行场地布置

场地布置要符合参观考察的要求，要求整洁、美观、实用。

（六）准备接待用品

参观考察需要设立接待服务处或休息室。例如百威啤酒厂参观考察的最后一站是参观啤酒馆，就可以设置舒适的桌椅，提供啤酒，让参观者能够随意地放松和休息。

（七）准备纪念品

纪念品应能够代表本企业形象或突出企业特色，最好印有单位的标志。

四、参观考察时秘书的接待工作

参观考察时，需要做好接待工作。接待过程中要注意如下几点：

（一）热情问候，引导接待

来宾到来时，秘书人员应热情问候，并走在来宾的左前方引导来宾进入组织。

（二）发放宣传材料，放映视听材料

将事先准备好的宣传小册子发给参观者，让参观者对参观内容有一个总体的了解，并放映相关的电影、录像或幻灯片进行必要的解说。

（三）引导参观，做好解说工作

参观考察时由专门的导游或秘书人员陪同，引导参观考察者沿路线进行参观。

（四）做好餐饮服务工作

如果活动持续时间较长，作为组织者也要认真做好参观考察中的餐饮工作。

（五）分发纪念品

参观考察活动结束前，可以赠送每位参观考察者事先准备好的小礼品或纪念品。

（六）做好欢送工作

参观考察活动结束后，秘书人员应礼貌地送别来宾。提醒和帮助来宾拿好自己的物品并根据来宾身份的尊贵程度，将来宾送到电梯间、大门口或直至将客人送上车。当送别来宾时或来宾乘坐交通工具离去之前，秘书应与来宾握手，微笑道别，欢迎来宾再次光临，并要一直等到客人所乘坐的交通工具消失不见再返回。

第七节　商务旅行

📝 **案例分析**

小王大学毕业后进入一家外贸公司做秘书工作。一次，公司张总要到外地出差，小王为他订了上午 11 点的火车票。周二中午,小王拿到了车票,把它交给了张总。张总盯住秘书小王,"我晚上有个应酬,怕明天早上起晚了误事,麻烦你明早 8 点给我打个电话叫醒我。"可是,周三早上 8 点半张总自然醒来,没有接到秘书小王的电话。张总急急忙忙赶往火车站,到了火车站才发现没有带票,票放在办公室抽屉了。张总于是立即给秘书小王打电话,想让她赶紧把票送到火车站。结果打小王电话,小王电话提示关机。张总于是自己匆匆忙忙又赶回办公室取票,结果没赶上火车,导致最后改签火车票。张总出差回来后找到秘书小王,问周三早上为什么不按照要求叫醒他。小王说早上太忙了,忘了叫张总起床这回事了。

问题:针对此案例,你认为秘书小王和张总需要在哪些方面进行工作改进?

学习内容

在经济活动中,商务人员为了洽谈业务、参观访问、出席会议、签订合同、实地考察等目的而到异地进行的旅行,就是商务旅行。无论是领导还是秘书自己的商务旅行,秘书都需要做相应的准备工作。

一、商务旅行的基本常识

秘书在安排领导商务旅行的事宜时,要首先了解商务旅行的基本常识。

(一)交通方式

常见交通方式有乘飞机、坐火车、坐汽车、开车。有些旅行可能是几种方式的组合。商务活动中,领导出差,路途较远的,一般乘飞机前往;路途较近的,比如四五个小时以内的车程,一般开车前往。影响交通方式选择的主要因素有以下几方面:

1. 企业的出差政策。根据公司的规定,不同职级人员出差,可以采取的交通方式不同。

2. 旅行目的地。主要考虑路途的远近与方便、时间的宽松程度等。如果是国际旅行,必定要乘坐飞机。

3. 旅行者旅行的原因。如果是商务旅行,那么旅行者将根据公司的相关出差规定,乘坐相应的交通工具。如果是个人旅行,那么旅行者将会考虑成本、时间与喜好等因素。

4. 旅行费用。无论商务旅行还是个人旅行,旅行费用都是决定旅行方式的重要因素。

5. 旅行者的个人喜好。有些人比较喜欢坐飞机,有些人则喜欢乘火车,有些人更喜欢自驾车。因此,旅行者的个人喜好影响了交通方式的选择。可以先了解旅行者喜欢如何旅行。

(二)住宿条件

1. 国内或国际连锁宾馆。大型跨国宾馆在世界主要城市都有相应的宾馆。通过预订中心进行预订比较方便。

2. 本地宾馆。可以直接向宾馆预订，在预订时协商好价格。

3. 会议场所客房。参加会议，会议场所有住宿安排，要提前协商好。

二、商务旅行的准备工作

秘书在了解领导出差目的地后，通常采用电话或网络的方式订票。

（一）订火车票、机票

1. 预订火车票。包括出发地点、到达地点、日期、车次（开车时间）、座位。

2. 预订机票。包括到达地点、时间、航班、座位。

3. 取票。拿到机票（或火车票），应该仔细核对姓名（机票）、日期、航班（车次）、座位、到达地点与提前订票的信息是否一致。

（二）预订房间

上司出差，安排住什么样的旅馆，秘书都要根据公司规定及上司的爱好和习惯来决定，掌握订房的基本程序。在预订房间时应该提供的信息有住宿者的姓名、抵达时间及大概离开时间、需要预订的房间类型及特殊要求。

（三）准备必需的文件资料及领导需要带的东西

临行前，秘书要将文件资料及需要带的东西分别列出清单，请领导过目，避免遗漏重要内容。根据准备物品的清单，秘书与领导分别做相应的准备。

（四）差旅费

现在公务机关一般都有公务卡，出差可以直接刷公务卡。在有些单位可以提前预支差旅费，有些单位可以出差回来后报销。根据本单位的性质，秘书要提前做好相关工作，等领导出差回来之后再走报销流程。

三、制订商务旅行计划

在制订商务旅行计划前，首先要掌握公司差旅费用、交通、食宿等级标准范围的有关规定及程序等。从一般而言，一份商务旅行计划至少应该包括以下内容：

（1）出差的时间、启程及返回的日期、接站安排。

（2）出差的路线、终点及途经地点和住宿安排。

（3）会晤计划（人员、地点、日期和时间）。

（4）交通工具的选择。飞机、火车、大巴或轿车。要列明飞机客舱种类及停留地的交通安排。

（5）需要携带的文件、合同、样品及其他资料。例如谈判合同、协议书、科技或产品资料演讲稿和与会国的指南等。

（6）上司或接待人的特别要求。

（7）上司旅行区域的天气状况。

（8）行程安排、约会、会议计划、会晤人员的名单及背景、会晤主题。

（9）差旅费用。现金、兑换外币、办理旅行支票。

商务旅行计划制订完以后要向领导报告，按照领导的指示进行修改，确定最后的商务旅行计划。

本章小结

本章介绍了秘书在工作中常见的一些商务工作，包括会见洽谈、商务谈判、签约仪式、庆典活动、参观考察、商务旅行，本章侧重于介绍注意事项，在指导秘书操作商务活动方面有着重要的意义。

实践训练

一、实训目标

通过训练，掌握签约仪式的程序。

二、实训内容

广州某公司即将与德国一家技术公司签订技术转让协议，要求学生模拟此次签约仪式。

三、实训要求

1. 教师把学生分3~4组，以小组为单位，完成此项工作。

2. 操作中需要的物品及准备材料，要求学生自己制作。

3. 完成后，每组派出一名成员讲解整个签字仪式操作过程，然后教师进行点评。

课后作业

1. 会见与洽谈的流程是什么？

2. 商务谈判要注意哪些问题？

3. 签约仪式的程序是什么？

4. 开业典礼的程序是什么？应该做哪些准备工作？

第 八 章

信息管理工作

学习目标

1. 能够选择正确途径获取信息。
2. 熟悉各种调查报告的格式。
3. 掌握各种调查方式。
4. 掌握调查数据的分析和管理。

第一节　信息与信息工作

案例分析

深圳里通电子公司的成功

　　日本是电子琴的生产王国，它的产品遍布世界各地，其产品质量似乎无懈可击，但深圳里通电子公司偏不信邪。他们经过市场调查，并通过对日本电子琴产品的认真分析研究，发现日本电子琴虽然档次高，但价格也高，而且功能不齐全，其销售对象主要是高收入消费者，难以为普通消费者所接受。而普通消费者在任何国家和地区都占绝大多数，市场需求迫切，潜力巨大。因此，里通公司组织力量，集中公司主要的人力物力，广泛收集各方面的技术和市场信息，开发出功能齐全、价格低廉的电子琴，很快就得到了消费者的青睐。产品不仅行销国内市场，还远销欧美，并打进日本，里通公司也从一家不知名的电子小厂一跃成为跨国经营的名牌大厂。

　　问题：里通电子公司成功的秘诀是什么？

学习内容

　　研究信息的学者认为，人们在开发信息中的互动总和就是信息工作。秘书对信息的发布、收集、筛选、集中、分析、校核、利用和反馈等活动的总和，就是秘书的信

165

息工作。

一、信息的主要内容

信息是事物存在的方式或运动状态的直接或间接的反映。随着知识经济的到来，信息呈爆炸式渗透到我们的生活中，按照不同的标准，信息可分为不同类型。

1. 按照信息内容涉及的社会领域划分，信息分为政治信息、经济信息、文化信息、科技信息、教育信息、军事信息和体育信息等。

2. 按照信息源性质划分，信息分为社会信息和自然信息。社会信息是人类社会运动的状态和方式，是社会各方面有意识、有目的发出的信息。自然信息是自然界自发产生的信息。

3. 按照信息的表现形式划分，信息分为语言信息、声像信息、文字信息、计算机语言信息和缩微信息。

4. 按照信息的稳定状态划分，信息分为静态信息和动态信息。

5. 按照信息来源方向划分，信息分为横向信息和纵向信息。

6. 按照信息在秘书工作中的作用划分，信息分为预测信息、动态信息和反馈信息。预测信息是在事物发生阶段、实际工作展开前所产生的信息。动态信息是在事物发展、成长过程中形成的信息。反馈信息是事物结束某一特定过程后产生的结果。

二、信息的形式

信息的形式也称为表现形态，主要有三种，即文字形态、音像形态、记忆形态。

1. 文字形态信息。即书面形式，包括文字、数字、表格、图形等形式表达的信息资料，一般表现为报纸、杂志中的社会信息、反馈信息、动态、行情等；政府机关、主管部门下达的文件，公布的法规、宣传资料等；国内外的科技文献资料、专业杂志等；本地区、本机关、本单位的内部资料，例如档案、总结、报表、大事记等；专业文献、词典、百科全书、年鉴等；名人录、企业名录、电话号码簿、名片等。

2. 音像形态信息。音像形态信息包括图文并茂的图书、照片、录音带、电影片、模型、实物所表达的信息。这类信息的优点是声、形、色、像并举，给人视觉、听觉或感觉的强烈印象，具体、真实而且栩栩如生。缺点是往往不够全面、深刻，有些观念、心态、思想等抽象的内容以及未来的、想象的、预测的事物，不能很好地体现。所以，秘书最好是将音像信息和文字信息相结合。

3. 记忆形态信息。记忆形态信息往往被称为"零次文献"，是人们脑海中还未能以文字或音像形式呈现的信息。秘书只能通过采访、交谈来获取这类信息。其优点是尚未发表过，很新颖；缺点是信息存在不确定性，可能不成熟。

三、信息的工作

信息内容种类繁多，信息工作的形式也是多种多样的。信息工作是组织有序信息交流和利用的活动，信息工作包括以下程序：

1. 信息获取。即根据信息的内容和存在形式，通过各种渠道和方式获取信息的过程。

2. 信息审核。为保证信息质量，在整理汇总之前必须对收集到的信息进行严格审核，发现问题及时进行必要的修正和补充。

3. 信息整理。信息整理是对原始信息进行分类、筛选、核实，使其成为有价值的信息的过程。

4. 信息传递。信息传递是通过传输媒介或载体，把信息从信息发生源传递到信息接收源的过程。

5. 信息存储。信息存储是用科学管理方法将有保存价值的信息系统化，以便日后使用。

6. 信息反馈和利用。信息反馈是把输出信息的作用结果反馈回来，并对信息的再输出发生影响，起到控制和调节的作用。信息利用是将获取、处理的信息应用于实际工作，使信息的价值得以实现的过程。

第二节 信息工作的程序

案例分析

忙碌的信息工作

老张是办公室的老资历，主要负责日常信息、舆情信息、信访等方面工作，他的工作任务就是对日常信息进行处理，以下是他周一上午的工作记录。

周一早上8点半一上班，老张打开电脑整理上周办结的事项，并撰写信息稿供领导审阅。这时有人打电话咨询事情，他一边详细地记录，一边表示会尽快回复。老张刚挂了电话，就见前台同事领着一位大妈进了办公室，老张赶紧热心接待，经过了解才知道大妈的问题：因为修马路扰民的问题前来投诉。老张耐心听完大妈的讲述，详细进行记录并适时安抚大妈的情绪，等了解清楚具体情况后他答应会尽快进行调查落实，这才送走了大妈。老张看看时间，已经10点了，老张这时候想起微博信息有提示，就赶紧打开官方微博看信息，也是反映问题的，老张立即将情况进行记录并报告领导。等处理完这些，已经接近11点半了，想想接下来还有大量的信息工作要跟进、调查、处理，老张顿时觉得压力巨大。

167

问题：你认为信息工作的程序是什么？

学习内容

秘书做信息工作，信息内容是多种多样的，信息工作的形式也是多种多样的。在实际工作中，秘书既是信息的收集者，又是信息的传播者。信息工作的程序主要有收集、审核、整理、利用、存储五个环节。这五个环节周而复始地运动，是秘书信息工作的基本程序。

一、收集信息

秘书应该根据所要收集信息的内容及存在的形态，通过多种方法，多方位、多渠道地收集有用的信息。

二、审核信息

为了保证信息的质量，在整理汇总之前必须对收集到的各项信息进行严格审核，发现问题及时进行必要的修正和补充。对收集信息的审核，主要包括审核信息的完整性、准确性、时效性和适用性，其中准确性是审核的重点。

三、整理信息

信息的整理主要包括信息的分类、汇总、描述与利用信息分析。对审核无误的信息进行科学归类分组，这是整理的关键。应该选择适当的汇总形式和方法，对分组资料进行汇总，通过文字、表格或图形将信息进行描述。通过图表能更生动直观地反映信息的内涵。最后对信息进行分析，以备使用者参考。

四、利用信息

这是信息工作的核心阶段。如果信息得不到利用或者利用价值较低，那么围绕信息的工作都毫无意义或事倍功半。领导和有关部门利用秘书提供的信息，辅助决策，或者制定方针，或者了解基层情况。信息的利用还包括将信息保存到信息中心或信息库供人员浏览查阅。

五、存储信息

将使用完毕或有待于将来使用的信息进行有序存储，以备随时调出使用。存储信息，简单地说就是建立信息库。不同于存储一般的物质，它需要进行严格的登记、科学的编码和有序的排列，这样才有利于将来检索使用。

第三节　信息的调研、筛选和分类

案例分析

从"南线北移"到"向山水资源进军"

江西某县的南部，有7个乡镇的经济比较发达，工农业总产值占全县27个乡镇工农业总产值的53.4%。这些乡镇最大的特点就是乡镇企业办得好。于是有人提出"南线北移"的设想，主张像南部7个乡镇那样，在北部20个乡镇大搞乡镇企业。这个设想是否可行呢？县政府办公室组织调查组进行了深入细致的调查，获得了大量的典型材料。他们首先采取归纳法，通过分类完成对各个乡镇典型的认识。然后采用对比法，对南北乡镇各自的有利条件和不利条件作了比较。发现南线7个乡镇人多田少，水陆交通便利，有从事手工业的传统。而北线的20个乡镇人少田多，交通不发达，祖祖辈辈以种田为主。通过调查，县政府办公室得出了如下结论：南线的优势在工业，北线的优势在农业，"南线北移"的条件在近期内不够成熟，不利于北线发挥其所长。并提出如下方案：北线除个别条件好的乡镇可以适度发展工业外，主要战略应放在发挥自己的资源优势上。这个调查报告得到了县委、县政府的重视，随即作出了"向山水资源进军"的战略决策。于是北线大种柑橘、苎麻，大养鱼鳖、螃蟹，经济增长较快。

问题：案例中江西某县为什么能够作出正确的战略决策？他们的成功对于实现行政决策科学化、民主化有什么启示？该县所作的调查研究为什么能成功？

学习内容

一、信息的调研

（一）秘书信息调研的内容

不同行业、不同岗位的秘书，信息调研的内容均有不同，一般情况下，秘书调研分为以下五类：

1. 政策性调研。了解调查对象对有关法律、法规、制度等贯彻落实情况，为领导和有关部门政策的贯彻、落实提供重要的依据和反馈信息。

2. 基本情况调研。了解各机关、单位的基本情况，以减少工作的被动性，增强工作的主动性。

3. 市场调研。了解掌握重大的经济活动状况、经济发展趋势；了解企业发展状况和趋势；了解组织投资前景、市场地位等；了解企业在一定时期的经济情况及企业生产、销售、技术水平等情况，为有关部门分析经济状况提供信息。

4. 专业性调研。对自然资源、社会生活及人文状况进行调查分析；对有关事故、事件进行调查；对先进人物、先进集体事迹进行调查。

5. 舆论热点调研。针对基层所关心的舆论热点及带有倾向性、显露"苗头"的问题进行调查，为领导提供"以小见大"的启示性信息。

这是对信息收集、汇总和初步整理的阶段。对于秘书来说，这一阶段的基本要求是收集面要广。但是以有限的秘书工作范围和工作时间，面对无限的信息世界，"广"就是一个相对概念。这就要求秘书的分辨力要强。若要准确判断广泛收集的信息中"含金量"如何，秘书首先就要解决信息收集工作中的"建网"环节，即建立秘书的信息收集渠道。

(二) 秘书信息调研的方法

1. 观察法。直接用感官或借助其他工具认识客观事物，获取信息。

常见的观察方法有：核对清单法、级别量表法、记叙性描述。观察一般利用眼睛、耳朵等感觉器官去感知观察对象。由于人的感觉器官具有一定的局限性，观察者往往要借助各种现代化的仪器和手段，如照相机、录音机、显微录像机等来辅助观察。

2. 阅读法。通过阅读书刊、报纸、杂志等获取信息。

阅读法获取信息方便、获得信息量大、涉及面广、适用性强，但书刊、报纸中的信息可能失真，阅读者要对信息作出判断。

3. 问卷法。向被调查者提供问卷并请其对问卷中的问题作答而获取信息的方法。

问卷是研究者按照一定目的编制的，对于被调查者的回答，研究者可以不提供任何答案，也可以提供备选的答案，还可以对答案的选择规定某种要求。研究者根据被调查者对问题的回答进行统计分析，就可以作出某种结论。

问卷法的两个主要优点是：标准化程度高、收效快。问卷法能在短时间内调查很多研究对象，取得大量的资料，能对资料进行数量化处理，经济省时。

问卷法主要缺点是：被调查者由于各种原因（如自我防卫、理解和记忆错误等）可能对问题做出虚假或错误的回答；在许多场合对于这种回答要想加以确证又几乎是不可能的。因此，要做好问卷设计并对取得的结果做出合理的解释，必须具备丰富的心理学知识和敏锐的洞察力。

4. 访谈法。访谈，就是研究性交谈，是以口头形式，根据被询问者的答复搜集客观的、不带偏见的事实材料，以准确地说明样本所要代表的总体的一种方式。尤其是在研究比较复杂的问题时需要向不同类型的人了解不同类型的材料。

访谈法收集信息资料是通过研究者与被调查对象面对面直接交谈方式实现的，具有较好的灵活性和适应性。访谈广泛适用于教育调查、求职、咨询等，既有事实的调查，也有意见的征询，更多用于个性化、个别化研究。

访谈法可分为结构型访谈和非结构型访谈，前者的特点是按定向的标准程序进行，通常是采用问卷或调查表；后者指没有定向标准化程序的自由交谈。根据访员掌握主导性的程度，可分为指导性访谈和非指导性访谈。根据受访人的多少，可分为个人访谈和团体访谈。根据访谈内容的作用方向，可分为导出访谈（即从受访人那里引导出情况或意见）、注入访谈（即访员把情况和意见告知受访人）以及既有导出又有注入的商讨访谈。在商讨访谈中所商讨的内容以受访人为中心时，称为当事人本位访谈；以问题事件为中心时，称为问题本位访谈。访谈法还可以分为访谈检测法和访谈调查法。访谈检测法是指在心理学研究过程中，一边访谈，一边观察受访人，对实验、测验、诊断中观察到的有关心理学问题进行检验。访谈调查法是对许多受访人一个个地进行访谈，进行社会心理学调查、舆论调查和态度调查等。

5. 网络法。通过网络所提供的服务获取信息。

6. 交换法。将自己的信息材料与其他单位的信息材料进行交换，实现信息共享。

（三）秘书信息调研的程序

1. 明确目的，编制计划。明确调查目的，是搞好调查研究的基础；编制调查计划，是开展调查活动之前的一项重要准备工作，也是搞好调查研究的有力保障。调查计划的内容一般应包括调查目的、调查对象、调查步骤、调查项目和调查方法等。

2. 搜集资料，初步分析。在开始调查之前，调查人员应围绕调查目的，多渠道地搜集有关资料，以熟悉和掌握调查对象的基本情况，并通过初步分析，确定调查的重点和主题。

3. 做好准备，实地调查。根据不同的调查方法，做好充分的准备工作，如采用访谈方法所用的访谈提纲或访谈表格等，然后进行实地调查，以全面地了解和掌握情况。

4. 资料汇总，分析研究。在大量地、全面地占有资料的基础上，进行认真的汇总分析，去粗取精，去伪存真，并以一定的理论或思想为指导，深入研究，得出结论。

信息工作要成为秘书工作中的亮点，应做到以下三个方面：

（1）秘书提供的信息是具有价值的。有人把信息工作比作寻宝，此说不无道理。什么样的信息是宝？领导关注的、认为有价值的信息就是宝。秘书要善于调用多种手段、通过各种途径找到有价值的信息，并进行归纳和提炼。比如从总结、汇报、调研报告等大量材料中找出带有普遍性的问题，总结出解决问题的最佳方法，这样的信息就是领导需要的信息，对领导决策有参考价值，能满足领导的需求。

（2）秘书提供的信息是清晰、直观的。做好信息工作需要日积月累。在日常工作中，秘书应随时注意积累有用的信息。当然，只有量的积累远远不够，秘书还必须在信息的整理、编写上下功夫。比如，在信息的编写思路上要做到立意明确，主题鲜明，论据有力，标题生动准确、概括性强；在信息的编写技巧上要做到要素全、内容实、数字准、语言精、逻辑严。这样，才能使信息非常清晰、直观地呈现在领导面前。

（3）秘书提供的信息是适时、有效的。信息报送是信息工作的一个重要环节，秘书要善于把握各类信息的报送节奏，最大限度地发挥出信息对领导决策的参考价值。比如，动态类信息要即时报送，亮点类信息要配合各阶段的工作重点报送。概括而言，就是要做到重点项目跟踪报，重点工作定期报，重点问题针对报，突发事件及时报，调研信息深度报，等等。

二、信息的筛选

（一）信息筛选的含义

筛选是对收集到的大量信息进行鉴别和选择，判断信息的价值，决定信息的取舍，提取真实、有价值、能满足需求的信息。

（二）信息筛选的要求

要选择对工作有指导意义、与业务活动密切相关的信息；选择带有倾向性、动向性或突发性的信息；选择能预见未来发展趋势、为决策提供超前服务的信息。同时，剔除虚假、过时、重复、缺少实际内容的信息。筛选是对收集到的大量信息进行鉴别和选择，判断信息的价值，决定信息的取舍，提取真实、有价值、能满足需求的信息。

三、信息的分类

（一）信息分类的含义

信息分类是根据信息所反映的内容性质和特征的异同，将信息分门别类地组织起来的一种科学方法。

（二）信息分类的方法

1. 主题分类法。按照信息的内容进行分类。

2. 时间分类法。按照信息形成日期的先后顺序进行分类。

3. 字母分类法。按照作者姓名、单位名称、信息标题等的字母顺序分类组合。

4. 数字分类法。将信息以数字排列，建立索引。

5. 地区分类法。按信息产生所涉及的地区或行政区划等特征对信息进行分类。

（三）信息分类的要求

1. 讲究科学性、系统性、逻辑性和实用性。

2. 认真确定分类体系，明确分类标准和分类层次。

3. 准确归类，子类之间界限清楚，不互相交叉或包容。

第四节　信息的校核、传递和存储

案例分析

办公室的窗帘坏了，总经理安排秘书小王叫人来换窗帘。小王从网上找了一家店，老板娘来到办公室量尺寸，结果在量尺寸的过程中小王和老板娘因为窗帘价格问题争执起来，双方都很着急。窗帘店老板娘急得是：都给你说得那么清楚了，你怎么还听不明白？小王也很着急：我想知道最后的价格到底是怎么算出来的，你怎么就不给我说明白？双方吵得面红耳赤。

我们分析此案例，大致知道双方的问题出在什么地方。一方面，小王的数学运算理解能力有点弱，另一方面，老板娘的语言讲解能力也不行。两方面因素加起来，导致"窗帘价格的计算过程"这一信息，不能够得到有效的传递。老板娘以自己一贯娴熟的运算方法，三下五除二地把窗帘价格算了一遍又一遍，计算器都快被按"抽筋"了，可是小王仍听不明白。老板娘急，小王也急，双方都快崩溃了。

问题：小王在与老板娘沟通过程中，信息传递是否有问题？

学习内容

一、信息的校核

（一）信息校核的含义

信息校核是对经过初步甄别的信息做进一步的校验核实，分析信息的可靠性和准确性，认定信息的真实性。

（二）信息校核的方法

1. 溯源法。对收集到的信息所涉及的有关问题进行审核查对。

2. 核对法。依据最新的权威性材料，进行对照分析，发现并纠正信息中某些差错。

3. 比较法。对反映某一事实各个方面的信息材料进行比较，判断说法、结论是否一致。

4. 逻辑法。对信息中表达的事实和叙述方法进行逻辑分析，从而辨别真伪。

5. 调查法。对信息中所表达的事物运动变化情况，通过现场调查来验证其真实性和准确性。

6. 数理统计法。对原始信息中的数据和定性分析，运用数理模型进行计算鉴定。

（三）信息校核的要求

1. 信息校核首先要排除主观因素的干扰。

2. 信息校核要以原始信息为基础。

二、信息的传递

（一）信息传递的方向

1. 内向传递。内向传递是为了进行协调与合作，在单位内部进行信息交流。

2. 外向传递。外向传递是在日常工作中，有效利用各种媒介向单位外部传递信息。

（二）信息传递的要素

信息传递的三要素是信源、信道和信宿。

1. 信源。即信息的来源。

2. 信道。即信息传递的通道，包括信息传递的媒介和运行方式。

3. 信宿。即信息传递的终点，是信息的接受者。信宿可以是人类个体、群体或组织。

（三）信息传递的形式

信息传递可以采用公务信件、备忘录、报告、通知、指示和传阅单等公务文书的形式；还可以通过新闻媒体来传递信息，如写新闻稿、发表声明、开新闻发布会等；通过企业内部刊物或者通过邮局采用直接邮件的方式传递信息也是很好的信息传递形式。

（四）信息传递的方法和要求

信息传递有语音传递、文字传递、电信传递和可视化辅助物传递四种方法。

1. 按不同的需要把握信息传递对象、传递方式、传递时间。

2. 主动地、不失时机地将信息传递给接收者。

3. 保密信息按照保密范式进行传递。

4. 在传递信息的过程中保证内容不失真。

三、信息存储

（一）信息存储的准备

首先要对组织各项活动中需要存储的信息进行详细了解，然后才能决定这些信息应当存在哪里、怎样存。

信息存储前需要了解的情况主要有：信息每年的产生量是多少；使用的频率有多高；有哪些信息需要保存，需要分散保存还是集中保存，保存多久；重要的、保密的信息怎样保存；各种信息载体需要什么样的保存条件；单位可提供存储的空间有多大；需要购买什么样的存储设备；等等。

（二）对信息分类

即从内容、性质、特征、用途、载体等方面，将有内在联系的信息分门别类地组合在一起。对信息进行分类，可以将原来零散的、孤立的信息有效组合在一起，增加信息的价值，同时也便于信息的有序保存。信息分类的方法一般是：先将信息按载体分类，然后再按所反映的问题特征分类，再按时间顺序排列。

（三）编码和编目

即按一定的体系给每一份信息材料一个独特的编码，进行登记，并编制目录索引等检索工具以便查找。电子类信息的存储，在信息输入阶段即可建立一些特征，方便快捷检索。

（四）存储方法

1. 手工存储。存储信息的传统方法是在纸上记录，这在今天仍然是最常用的方法。手工存储信息容易理解和使用，一旦找到就能阅读，不需要特别的设备。但大量的纸质材料会占据很多空间，而且需要长期保存的材料对存储环境也有较高要求。

2. 电子存储。是指将资料、文字或者影像等信息以数字的形式进行存储，可以保存在光盘、U 盘、硬盘里。电子存储有很多优点：一是存储的密度高，存储信息海量；二是可以节约大量空间，存储成本总体较低；三是信息的检索、存取操作简单快捷；四是可以与计算机联机使用，易于远距离传输和随机检索。

（五）信息存储的要求

1. 要选择有价值的信息存储。
2. 要分类存储。
3. 存储的信息要便于查找和利用。
4. 按照信息内容确定存储期，对过期的信息及时进行调整和清理。
5. 防止存储信息受到损坏、失密。

第五节　问卷设计与分析

🖊 案例分析 ⌐

问卷和"套圈"

办公室秘书小杨，颇得秘书之道，不仅善于领会领导意图，而且眼明手快，颇有调研功力。小杨就如领导肚子里的蛔虫，不用领导开口，他的调查材料就有观点、有依据、有典型、有建议地摆在领导的办公桌上，观点符合上级精神，材料适合领导口味，语言还有些符合领导的个性和幽默。因此，他步步高升，不到 25 岁已经是办公室副主任，离工作了 30 年才担任办公室主任的老罗只有半步之遥。只是大家觉得他的调研工作有点奇怪，一般人从实际材料中升华观点，他却先摸透领导的观点再去取材料，蹲在招待所里不用出门跑路就能带回"对路"的材料。

一次厂里有意改革公费医疗，让小杨去调查群众对现行医疗制度的看法。三天后他就拿出了一份有数据、有观点的调查材料。

"调查对象：10 个车间的 100 名职工。

调查方法：抽样调查与问卷调查相结合。

调查内容：对现行公费医疗制度的看法。

调查结果：赞成现行公费医疗制度的占 98%，其中完全赞成的占 94%，认为基本是好的，但是有缺点的占 4%；认为必须彻底改革的占 6.2%。

结论：本厂公费医疗制度是可行的，受到全厂绝大多数职工拥护。

建议：继续执行。"

领导看了他的调查材料后，就把公费医疗制度改革的事儿搁置下来。只有少数了解内情的人才知道，小杨在调查之前就摸准了长期公费吃进口高档滋补药的一把手不大赞成改革现行医疗制度，因此，小杨才拿出这样的调查材料。这样的材料当然得到了领导的赞赏。后来大家才知道，小杨去职工医院摸过底，选取了医药费用最多的 100 个职工为调查对象，这些人谁不愿意吃公费医疗的大锅饭呢？

过段日子，上级派来了调查组，调查厂里少数领导利用职权占用公房以及其他经济问题。这些问题在厂里的党风检查中曾被群众提出过，结果让小杨的几份调查材料否决了。这次上级派来的调查组直接深入车间、深入群众，在获得第一手材料后，调查组组长老雷来到办公室，要看上次调查的全部材料。小杨只拿出了他的调研报告。

"原始材料呢？"老雷问。

"原始材料在我把调查报告写好后就处理了。"小杨说。

"处理原始材料你请示过谁？"老雷问。

"没，没有请示。"小杨回答。

"纪检问题调查的原始材料也是能随意处理的吗？这是常识，你是副主任科员，难道连这种业务常识也没有嘛？"老雷严厉地说。

"我，我不知道。"小杨心虚地说。

"老罗同志，我们想请您和我们一起，把上次调查的情况再核实一下。另外，我们还希望罗主任能把小杨同志的工作先暂停下，让小杨把上次调查的情况回顾一下，以协助我们查清情况。"

三天后月，情况弄清楚了，老雷说："大家都搞过调研，都设计过问卷，现在请大家研究下这一份问卷，这是上次杨秘书设计的调查问卷。"

第一项：我厂五年来总产值翻了两番，人均收入提高了一倍，你认为我厂领导：

a. 称职　b. 基本称职　c. 不称职

第二项：我们厂长每周接待群众一天，下基层劳动一天，调查研究一天，你认为厂长的工作作风：

a. 好　　b. 较好　c. 差

第三项：我们厂主要领导一家三代六口，住三十平方米住房；书记一家三代八口住四十平方米住房，你认为我们厂领导住房：

a. 不存在以权谋私　b. 有一般性问题　　c. 存在严重的问题

……

念到这里，老雷气愤地停下了。

"够了！"老雷说，"这些已足以看出问卷设计者的居心。同志们，这叫调查问卷吗？这分明是编制假材料往群众头上套圈，这是想牵着群众的鼻子搞假调查……"老雷越说越激动，小杨诚惶诚恐地耷拉着脑袋。

"这是在帮领导的忙吗？这是在拆台！尽挑好听的讲，尽往愿看的写，尽拣贴金的事干，弄虚作假，欺上瞒下……"

最赏识小杨的领导丢了乌纱帽后，小杨自己也"下海"去了。

问题：秘书小杨在调查研究中犯了什么错误？老雷为什么说杨秘书的调查问卷是往群众头上套圈？应当如何避免往群众头上套圈的情况出现？

📖 学习内容

问卷，就是根据研究课题的需要编制成的一套问题表格，由调查对象自填回答的一种收集资料的工具，同时又可以作为一种测量个人行为和态度倾向的测量手段。

一、调查问卷的结构

一份完整的调查问卷通常包括前言、主体、附录三大部分。

（一）前言

前言是对调查的目的、意义及有关事项的说明，其作用是：一要引起被调查者的兴趣和重视，使他们愿意回答问卷。通过对调查的目的和意义的描述，使被调查者认识到他们的配合，将会是多么重要。二要打消公众的顾虑，争取他们的支持与合作。通过保证调查资料的控制范围，消除他们的戒备心理。

前言的具体内容包括调查的目的、意义、编号、调查者的自我介绍、问卷的填写说明、回复问卷的时间和方法等。为了给被调查者以良好的"第一印象"，前言的语气要谦虚、诚恳，文字要简洁、准确、有可读性。

有的问卷在前言中设计了问卷的填写说明。问卷的填写说明是为了帮助被调查者准确地回答问题而设计的，其内容包括填写调查表应注意的事项、填写方法、交回问卷的时间要求等。

（二）主体

调查问卷的主体内容是调查者所要收集的主要信息，是问卷的主要部分。它主要是以提问的形式呈现给被调查者。问卷设计是否合理，调查目的能否实现，关键就在于这部分内容的设计水平和质量。主体内容的问题设计需要围绕调查目的确定。

（三）附录

附录包括作业证明记录、图表说明及结束语等。

1. 作业证明记录。用以登记调查访问工作的执行和完成情况，内容包括调查时间、调查地点、调查者姓名等。这项内容虽然简单，但对于检查调查计划的执行情况，复查或修正某些调查内容，以及证明整个调查的真实性和可靠性具有重要意义，故也要认真设计。

2. 一些图表的说明，主要为了让回答者了解问卷，以便准确作答。

3. 结束语。这是问卷的最后部分，包括两部分内容：一部分内容为提出几个开放式提问，让研究对象深入自由回答有关问题，在量化的基础上进行质的分析，加深对问题的认识，或让被调查者提出对本研究的建设性意见；另一部分内容是表示感谢。结束语可根据问卷的需要设置，也可以不要。

二、问卷设计的方法

问卷是问卷调查的主要工具，科学地设计问卷，是问卷调查关键性的环节。问卷设计的质量直接影响到问卷调查的回收率、有效率以及被访者的回答质量。问卷设计所应达到的要求是：问题清楚明了，通俗易懂，易于回答，同时能体现调查目的，而且便于答案的汇总、统计和分析。

（一）自由记述式

自由记述式指设计问题时，不设计供被调查者选择的答案，而是由被调查者自由表达意见，其回答不作任何限制。

（二）填答式

填答式是把一个问题设计成不完整的语句，由被调查者完成该句子的方法。调查者审查这些句子，确认其中存在着的想法和观点。

（三）二元选择式

两项选择题又称是非题，它的答案只有两项（一般为两个相反的答案），要求被调查者选择其中一项来回答。

例：你用的手机是否是苹果手机？　　　A. 是　　B. 不是

这种提问便于填表回答，而且易于统计。但两项选择题的两个答案性质不同，只能知道被调查者的一种态度或一种状况，不能弄清形成这种态度或状况的原因，因而这种提问需要有其他形式的询问作为补充，以使提问更深入。

（四）多元选择式

多项选择题与两项选择题的结构基本相同，只是答案多于两种。被调查者依据问题的要求或限制条件可以选择一种答案，也可以选择多种答案。

例：您选择苹果手机的原因有哪些？（可多选）

A. 外形时尚　　B. 颜色漂亮　　C. 品牌好　　D. 质量好　　E. 修理方便　　F. 价格便宜　　G. 功能多　　H. 其他

由于所设答案不一定能表达出填表人的所有看法，所以，在问题最后可以设有"其他"这个项目。

多项选择法提供的答案包括了各种可能的情况，使被调查者有较大的选择余地，因此可缓和二项强制性回答的缺点，同时也利于被调查者说明解释。另外，资料的整理统计相对比较简单。但是，多项建议答案也可能影响被调查者的正确选择。例如，答案的排列顺序就可能影响被调查者的选择，一般来说，排在前面的答案被选中的机会较大。另外，当答案中没有列出被调查者的真正选择时，被调查者一般倾向于选择现成答案，即使设计有"其他"项，常常也容易被忽略。

（五）排序式

指调查人员为一个问题准备若干答案，让被调查者根据自己的偏好程度定出先后顺序。

例：请将下列洗发水品牌依您的喜好按降序排列：

A. 沙宣　　B. 力士　　C. 潘婷　　D. 海飞丝　　E. 舒蕾

（六）里克特量表

里克特量表是由伦斯·里克特根据正规量表方法发展起来的。它的设计方法为：给出问题，让被调查者在"非常同意、同意、中立、有点不同意、很不同意"这五个等级上作出与其一致的选择。里克特量表既能用于邮寄调查，也能用于电话访问。

（七）语义差异量表

语义差异量表是用两极修饰词来评价某一事物，在两极修饰词之间共有七个等级，分别代表被调查者的态度程度。这种方法通常被调查人员用来评价某个商店、公司或品牌的形象。被调查者的回答越接近端点，说明他对被度量对象的反应越强烈。

（八）数值分配量表

数值分配量表，是指按调查对象的特征，由被调查者在固定数值范围内（0~100）依次分配数值，从而作出不同评价。

例：对某种商品的三种品牌在消费者心中的知信行调查，要求消费者按喜爱程度对三种品牌一一打分。

📝 **实用案例**

例句1：（自由记述式）

您除了教材之外，还从哪些途径学习本专业相关知识呢？请把名称写下来

例句2：填答式（调查某学校拥有教育技术设备的情况）

贵校现有：幻灯机 ＿＿＿ 台，投影器 ＿＿＿ 台，电影放映机 ＿＿＿ 台，录放像机 ＿＿＿ 台，录音机 ＿＿＿ 台，电视接收机 ＿＿＿ 台。语言实验室 ＿＿＿ 个，共有座位 ＿＿＿ 个。计算机 ＿＿＿ 台，接入互联网的计算机 ＿＿＿ 台，接入内部网的计算机 ＿＿＿ 台，如果有校园网，校园网的网速为 ＿＿＿ 兆，多媒体计算机教室 ＿＿＿ 间，共有座位 ＿＿＿ 个，配有 ＿＿＿ 台液晶投影仪。

例句3：（二元选择式）

1. 您是否看过电影《肖申克的救赎》？

2. 您有没有参加过足球比赛？

例句4：（多元选择式）

您认为学校食堂在哪些方面还需要改进？

A. 食堂卫生　　B. 饭菜种类　　C. 饭菜质量　　D. 工作人员素质　　E. 其他

例句5：（评等式）

参加了某大学网上学院的××科网上课程学习以后，您认为对您目前工作水平的提高有无帮助？

A. 很有帮助　　　B. 有帮助　　　C. 没多大帮助　　　D. 毫无帮助

例句6：（排序式）

根据您单位的实际情况，您认为当前教学技术中心的管理工作首先应搞好哪项工作？［请按工作的迫切性顺序，在（　　）内标上1，2，3，4等序号。］

（　　）推广应用

（　　）制定规章制度

（　　）开展信息技术与课程整合模式实验

（　　）人员培训

（　　）建设信息化教学环境

（　　）维修设备

（　　）开发教学资源

（　　）开展科研

（　　）其他

例句7：（分配式）

您在过去的两年中，工作时间在如下活动种类中平均分配情况是：请在（　　）中填写所占的时间的比例（％）

1. 行政管理　　　　　　　（　　）
2. 教学　　　　　　　　　（　　）
3. 制作电教教材　　　　　（　　）
4. 维修电教设备　　　　　（　　）
5. 理论研究　　　　　　　（　　）
6. 编写教材　　　　　　　（　　）
7. 学术交流　　　　　　　（　　）
8. 科技开发　　　　　　　（　　）
9. 其他　　　　　　　　　（　　）
合计　　　　　　　　　100%

例句8：（选择式）

1. 您的受教育程度是：（请在相应项的数码上画√）

（1）小学以下，（2）小学，（3）初中，（4）高中，（5）中专，（6）大专，（7）大学本科，（8）研究生。

2. 您平时上网浏览的习惯是：（请在相应项的数码上画√）

（1）全天，（2）每天2小时以上，（3）每天1~2小时，（4）每天1小时以下，（5）每周3~6小时，（6）每周3小时以下。

例句9：（里克特量表式）

您认为利用这套网络教学软件进行远程授课，在如下几个方面所能达到效果的程度是：

项目	很好	较好	一般	较差	很差
创设情境					
提供感性材料					
提供示范模仿					
帮助理解难点					
组织思维活动					
提高效率、节约时间					
其他					

三、问卷设计的注意事项

调查问卷是保证市场调查活动顺利进行和资料准确可靠的重要工具。但在市场调查中，常存在由于问卷设计不当而造成调查结果失效或结论有异的情况。例如，同样的问题使用不同次序排列，调查结果就不一样；问题的措辞不同，获取的资料就有明显差别；问题的形式不同，答案则有区别等。因此，在问卷设计时，应做到：问题清楚明了，通俗易懂，易于回答，同时能体现调查目标，便于答案的汇总、统计和分析。

（一）问卷的结构要合理

问卷的前言和附录部分要尽可能短些，以突出正文部分。

一般来说，问卷的开头都要向受访者简要介绍问卷的背景。这段文字口吻要亲切，态度要诚恳。问卷的正式内容开头几个问题，通常是被调查者的基本资料，如姓名、年龄、职业、通讯地址等；若调查对象是经销商，则基本资料应包括企业名称、注册资金、年销售额等。但开头都应简洁明快，迅速进入正题。

（二）问卷语句设计

问卷语句设计需要注意三点：

1. 必须围绕调查主题设计，脱离了主题就失去了调查意义。

2. 语句中所运用的概念要明确，特别要具体，要尽量避免使用抽象的概念或一词多义的概念。

3. 必须杜绝造成调查者与被调查者之间产生歧义的概念，以免造成同一概念不同的理解。也就是说设计者在运用某一概念时一定要明确它的内涵与外延，同时文字表达要准确。

（三）问题应能得到被调查者的关心与合作

在设计问卷时，要充分考虑被调查者的背景，避免提出与对方无关或对方不感兴趣的问题。

例如：如果让一个中国小学生谈他对美国总统奥巴马的执政能力的看法，是毫无意义的。一般中国的小学生还不具备谈国际问题的能力，对国际问题也不感兴趣。相反，如果你问他喜欢什么动画片或玩具，就会收到很好的效果。

（四）问题措辞要简单、通俗

简单通俗的字词易于被不同文化背景、不同阶层的消费者理解和接受，也可以避免因理解错误而产生的回答偏差。因此，在问题设计中要尽量少用专业性字词和字母缩写等。

（五）问题措辞要准确、单一

措辞准确是指不要使用含混不清的字词，如"一般""可能""很多""差不多"等词的含义，常常是模糊的，因此在问题中要避免出现。不应使填卷人有模糊认识，如调查商品消费情况，使用"您通常喜欢选购什么样的鞋？"就是用词不准确，因为"通常""什么样"的含义不同的人有不同的理解，回答各异，不能取得准确的信息。

如改为具体的问题："您外出旅游时，会选购什么品牌的旅游鞋?"这样表达就很准确，不会产生歧义。

（六）避免诱导性提问

问卷设计的问题应保持中立，不能暗示或有倾向性，不要诱导被调查者按调查者的意图回答问题，否则会造成调查资料的失真。

如设计问卷时，问"耐克的旅游鞋质优价廉，您是否准备选购?"这样的问题将容易使填表人由引导得出肯定性的结论，或对问题反感，简单得出结论。这样不能反映消费者对商品的真实态度和真正的购买意愿，所以产生的结论也缺乏客观性，结果可信度低。

另一种方式是暗示应答者本应参与某一行为。例如，"今年看电影《变形金刚》的人比看其他电影的人多。您看过这部电影吗?"为了不显示出"不同"，应答者即使没有看过也会说的。问题应该是"您曾看过电影《变形金刚》吗?"

（七）提问要有艺术性，避免引起反感

提问要有礼貌，注意措辞，不要引起被调查者的反感。

（八）问题设计排列要科学

问题的排列要有合理的逻辑顺序，一般先要提出概括性的问题，然后，由近及远，逐步启发，由简到繁，逐步深入，防止一下子提出复杂的问题，使被调查者感到厌烦。

（九）问卷不宜过长

一般控制在 20 分钟左右回答完毕为宜，时间过长会引起被调查者的反感。

（十）有利于数据处理

调查问卷应按计算机的处理要求来设计，最好能直接被计算机读入，以节约时间和提高统计的准确性。

总体来说，问卷设计就是从被调查者的心理感受出发，考虑问题的提出方法，保证调查结果的准确、真实，其次注意问题的设计要便于统计。

四、调查报告的格式

调查报告一般由三部分组成。

（一）导语

导语是对调查目的、意义、性质作简要交代。为了增加调查的可信度、认知度以及使用的时效性，有时还需要对调查范围、调查单位数量、调查时间、调查资料的时间范围等予以说明。导语必须简洁，切忌过长。

（二）调查结果及分析研究结论

这一部分是调查报告的主体，具体反映调查的结果及分析研究的结论。撰写调查报告的这一主体部分，要注意以下几点：

（1）注意观点与数据的统一协调。

（2）突出重点、文字简练。

（3）观点明确、概括力强。

（4）紧密围绕主题和所要说明的问题。

（5）文字、数据、图表的结合使用。

（6）逻辑关系清楚。

（三）对策建议

这一部分是根据调查结果及分析研究的结论，提出可行的决策建议。对此，要求针对性强，具有可操作性。通常来讲，调查报告篇幅不宜过长。

📝 案例分析一

市场调查问卷设计：

A市的捷达牌自行车有限公司是一家具有现代管理能力和高科技水平的国有大型企业。近年来，城市范围不断扩大，消费者购买省力、轻便的代步工具的需求越来越大。在这种情况下，电动自行车成为城市上班一族的新需求。加上交通管理部门将电动自行车列为非机动车，无须行驶证、驾驶证，无须每年验车，市场需求逐步扩大。针对这种情况，公司准备对北京市的电动车市场做一次调查，了解市民对捷达牌电动车的认识情况。

问题：此案例的调研课题是什么？如本次调研由秘书部门负责，请选择合适的调查方法，并以秘书身份设计一份调查问卷。

📝 案例分析二

调研与调研报告：

有一个欧洲的跨国制鞋公司，为了开发一个岛国的市场，先后派出了四个考察队。

1. 第一个被派去考察的是公司里最优秀的推销员组成的队伍。推销员在岛上转悠了半天，第二天就回来了。他们在调研报告中写道："这里的人不穿鞋，因为他们还没有这个习惯，岛上也没有卖鞋的，由于存在巨大的市场空缺，公司可以把鞋大批量地运过去，我们有信心把鞋推销给这些岛国的居民使用。"

2. 第二个被派去考察的是鞋厂的厂长们。厂长们在岛上转了两天，回来之后显得非常高兴，他们在调研报告中写道："岛国是一个很有前景的市场，我们在岛上找到了可以生产鞋的原料，而且原料以及岛上的其他各方面社会资源价格都很低廉。我们建议公司立即到岛国设立分厂，只要能够大批量生产，肯定可以获取高额的利润。"

3. 第三个被派去的是公司的财务部门。他们比较了"国际贸易""本地化生产"

两种模式的优势后，在调研报告中写道："岛国的原料、土地、劳动力、水、电等资源的价格相对低廉，而公司距离岛国最近的鞋厂都非常远，而且岛国的关税较低。综合两种模式所需的各方面成本来说，'本地化生产'的优势较高。所以，我们建议公司到岛国设厂，就地生产、就地铺售。"

4. 第四个被派去的是公司的营销经理队。经理们在岛上待了五天，拜访了上至岛国首长，下至各行各业的普通老百姓在内的岛国人，共计 50 多个群体。营销经理团队在调研报告上写了以下内容：

（1）需求强烈。岛国的居民一直都没有穿鞋，原来他们根本没意识到穿鞋这件事。但是他们很多人的脚都是有毛病的，他们想过很多办法去避免脚病，都不太奏效。他们非常渴望根除脚病，当他们了解到穿鞋可以帮他们的脚避免很多意外的伤害，更能防止他们的脚病后，都表示非常愿意、非常渴望有一双鞋。

（2）特别设计。岛国居民的脚普遍都比公司所在的欧洲的同年龄段的人长 2~3 英寸、宽 1 英寸左右。因此公司对卖给他们的鞋要重新加以设计。

（3）抢占先机。其他制鞋公司调研发现居民都不穿鞋以后，认为没有市场，就放弃了继续努力，但也不能排除他们日后会卷土重来。岛国的居民经济条件不太好，但是岛上的居民都听从首长的命令。岛上盛产香蕉，这些香蕉又大又香，在欧洲非常具有铺售力和竞争力。经理们跟首长谈过了，也去岛上的香蕉园看过了，非常高兴，因为首长已经答应：他将以每 20~30 千克的香蕉，对应一双鞋的比例，换取制鞋公司专门为岛国生产的鞋，总数量大概为 10 万双左右，第一批可以先要 1 万双，到货越快越好，给予该制鞋公司独家卖鞋权。

经理们也算过了，这样的香蕉如果经过适当的包装，可以以 30 美元/千克的价格卖给欧洲的某连锁超市的经营公司，按 1 万千克算，扣除包装、运输、关税、人员工资等，每千克香蕉的绝对利润为 23 美元。1 万双鞋，如果从离岛国最近的厂运到岛国，公司的总成本为 16 万美元。第一批 1 万双鞋，可以换得的香蕉总数额（按 25 千克香蕉相当于 1 双鞋算）是 25 万千克，而香蕉的总利润为 575 万美元。扣除鞋的成本，公司可以在第一笔交易中获利 559 万美元。如果鞋在岛国本地生产，则每双鞋可以节省成本 4 美元，公司则可以得到 563 万美元的总利润。

不过，经理们也算过了，投资设厂的资本需要 200 万美元，而且从建厂到真正出成品交货，需要 3 个月的时间，满足不了首长的迫切要求。而公司从最近的鞋厂设计、生产那 1 万双鞋，再运到岛国出售，只需要一个半月，这个时间首长是可以容忍的。所以，经理们建议公司一方面用"国际贸易"做成第一笔的 1 万双交易，打好关系和基础。另一方面同时在岛国建厂、投入生产，以便为后续更大的市场发展提供支持。制鞋公司对营销经理们的调研报告大加赞赏，同时给予了重赏。

问题：为什么营销经理们的调研报告得到重赏？

本章小结

本章主要介绍了信息工作、信息工作的程序以及调研工作的方法、信息获取与处理。秘书要掌握本章的基本方法与技巧，能够通过调查研究，获取充分的信息资料，做好秘书信息工作。

课后作业

1. 信息工作包括几个程序？
2. 信息的收集有哪些方法？说说筛选有必要吗？
3. 信息的校核有哪些方法？
4. 信息的传递可用怎样的形式？
5. 信息的开发有哪些方法？
6. 信息如何利用？信息反馈有几种形式？
7. 辅助决策的信息工作都有哪些要求？

高校大学生满意度调查问卷

亲爱的同学：你好！为进一步完善学校各项管理制度，给同学们提供良好的学习和生活环境，特制定此问卷。请你在百忙中协助我们，按照自己的实际情况填写这份问卷。此次调查实行匿名制，调查结果只用于统计，我们将遵循《统计法》的规定，对调查结果保密。谢谢你的帮助。

基本信息：你的性别：A. 男　　B. 女

你的年级：A. 大一　　B. 大二　　C. 大三　　D. 大四

1. 你目前对学校的总体满意度如何？

A. 非常满意　　B. 比较满意　　C. 一般　　D. 比较不满意　　E. 非常不满意

2. 你对校园安全设施的态度如何？

A. 完备，非常满意　　　B. 基本都有但不够多，比较满意

C. 太少了，不大满意　　　D. 几乎没有，完全不满意

3. 学校的绿化建设是否理想？

A. 非常满意　　B. 比较满意　　C. 一般　　D. 比较不满意　　E. 非常不满意

4. 你对学习感觉怎么样？

A. 很有自信　　B. 有点把握　　C. 力不从心　　D. 枯燥乏味

5. 你会为自己制订学习计划吗？

A. 会　　B. 有时候会　　C. 偶尔会　　D. 不会

6. 你平常的上课出勤率怎么样？

A. 一次都没有逃过课，很认真

B. 很少逃，只逃过几次自己不喜欢的课

C. 基本上每天都要逃一次

D. 经常逃，数不清逃了多少了

7. 你认为校园生活中人际关系重要吗？

A. 很重要　　B. 重要　　C. 一般　　D. 不重要　　E. 很不重要

8. 你与朋友交往情况如何？

A. 有知心朋友，能随时提供温暖和支持，感到幸福

B. 有很多朋友，但都只是泛泛之交

C. 朋友不多，感到孤独

D. 觉得自己独处开心点，比较自由

E. 其他

9. 你一般采取何种方式排解心理压力？（可多选）

A. 向其他人诉说　　　　　　B. 独自承受，强颜欢笑

C. 抽烟喝酒麻醉自己　　　　D. 写日志，听音乐

E. 把不好的情绪发泄在身边人身上　　　　F. 其他

10. 你平均每天的空余时间有多长？

A.1~2 小时　　B.2~4 小时　　C.4~6 小时　　D.6 小时以上

11. 你参加了多少社团或组织？

A.1 个　　B.2 个　　C.3 个　　D.3 个以上

12. 这些组织或社团占用了你多少课余时间？

A. 很大部分　　B. 大部分　　C. 少部分　　D. 很少部分　　E. 几乎不占据

13. 你对当前我们学校餐饮状况的满意程度如何？

A. 非常满意　　B. 较满意　　C. 满意　　D. 不满意

14. 你认为食堂最需改进的是哪一方面？

A. 卫生　　B. 饭菜质量　　C. 价格　　D. 服务态度

15. 你认为学校的住宿环境好吗？

A. 很好　　B. 好　　C. 一般　　D. 不好　　E. 很不好

16. 你认为学校的教学环境好吗？

A. 很好　　B. 好　　C. 一般　　D. 不好　　E. 很不好

17. 你认为校园的绿化做得好吗？

A. 很好　　B. 好　　C. 一般　　D. 不好　　E. 很不好

参考文献

1. 葛红岩主编：《新编秘书实务》，高等教育出版社 2019 年版。

2. 孟庆荣、张庆丰主编：《秘书理论与实务》，北京大学出版社 2017 年版。

3. 孟庆荣编著：《秘书学》，暨南大学出版社 2014 年版。

4. 杨锋主编：《秘书工作案例与分析》，暨南大学出版社 2016 年版。

5. 钱立静主编：《新编秘书实务》，电子科技大学出版社 2014 年版。

6. 胡伟、郑雅君主编：《秘书实务》，北京师范大学出版社 2016 年版。

7. 杨锋主编：《秘书实务》，中国人民大学出版社 2015 年版。